Melanie Raudszus, Sebastian Stieler

Unternehmenskommunikation

Mit Praxisbeispielen aus der Gesundheitswirtschaft

University of Applied Sciences
APOLLON
University Press

1. Auflage 2019

Projektmanagement und Lektorat: Alexandra Pusch, Constanze Vieth
Layout und Satz: Ilka Lange, Hückelhoven
Korrektorat: Ruven Karr, Saarbrücken
Printed in Germany

Bibliografische Information der Deutschen Nationalbibliothek
Die Deutsche Nationalbibliothek verzeichnet diese Publikation in der Deutschen Nationalbibliografie. Detaillierte bibliografische Daten sind abrufbar unter: htpp://dnb.d-nb.de

Werden Personenbezeichnungen aus Gründen der besseren Lesbarkeit nur in der männlichen oder weiblichen Form verwendet, so schließt dies das jeweils andere Geschlecht mit ein.

Die Position der Kapitelzusammenfassungen und der Aufgaben zur Selbstüberprüfung richten sich nach der Länge des jeweiligen Kapitels. Bei vergleichsweise kurzen Unterkapiteln wird daher auf beide Elemente verzichtet.

ISBN: 978-3-943001-47-1

http://www.apollon-hochschulverlag.de

Melanie Raudszus, Sebastian Stieler

Unternehmenskommunikation

Mit Praxisbeispielen aus der Gesundheitswirtschaft

STUDIENBUCH

University of Applied Sciences
APOLLON
University Press

Inhalt

Vorwort

Wer kennt ihn nicht, den Satz von Paul Watzlawick: *„Man kann nicht nicht kommunizieren"*. Dieser Satz ist quasi in die Geschichte der Kommunikation eingegangen. Er ist vielseitig anwendbar und spiegelt die Bedeutung der Kommunikation in unserer Gesellschaft wider. Auch in der Unternehmenskommunikation wird deutlich, dass immer und überall kommuniziert wird. Neben den zwischenmenschlichen Kommunikationsbereichen betrachtet die Unternehmenskommunikation die Bereiche von internen und externen Kommunikationsprozessen innerhalb eines Unternehmens. Die Relevanz dieser Kommunikationsprozesse wird deutlich, wenn wir uns vor Augen halten, dass Entscheidungs- und Managementprozesse auf Basis von Informationsvermittlung und damit auf Kommunikation basieren. Kommunikationsfehler können schnell entstehen und sich auf die Entwicklung und den Erfolg eines Unternehmens nachhaltig auswirken. Daher ist es wichtig, Prozesse klar zu strukturieren und eine gelungene Unternehmenskommunikation sicherzustellen.

Im Zeitalter der Digitalisierung werden Informationen schnell vermittelt und können sich intern wie extern zügig verbreiten. Dies kann ein großer Vorteil sein, um Informationen schnell zu beschaffen oder weiterzuleiten, es kann aber auch hinderlich sein, wenn es sich beispielsweise um Fehlinformationen handelt, auf deren Basis dann ggf. Managemententscheidungen getroffen oder Informationen nach außen gegeben wurden. Wird hierdurch eine Krise ausgelöst, gilt es, daraus resultierende Vertrauensverluste oder Reputationsschäden weitestgehend zu vermeiden. Hierfür ist eine gelungene Krisenkommunikation unumgänglich, die nicht nur intervenierend, sondern auch präventiv eingesetzt werden sollte. Denn ist die Reputation des Unternehmens erst einmal geschädigt, ist es schwer, ein positives Image z. B. bei den eigenen Mitarbeitern oder bei den Kunden zurückzugewinnen.

Die Außendarstellung wirkt sich ebenfalls auf die Gewinnung von Kunden oder Mitarbeitern aus. Unter dem Begriff Employer Branding verbirgt sich z. B. die Idee, eine attraktive Arbeitgebermarke aufzubauen und sich damit gut für den Kampf um die Talente auf dem Arbeitsmarkt zu positionieren. Neben der Außendarstellung spielt die Kommunikation intern eine ebenso bedeutsame Rolle. Die Wirkung von Kommunikation auf die Motivation ist nicht zu unterschätzen, denn eine werteorientierte Kommunikation wirkt sich positiv auf das Arbeitsumfeld aus und sorgt für eine höhere Arbeitszufriedenheit beim Personal. In Zeiten des Fachkräftemangels sollte daher auf eine positive interne Kommunikation geachtet werden. Der jüngeren Generation ist es wichtig, mitreden zu können, gehört zu werden und auf Augenhöhe zu kommunizieren.

Den Autoren dieses Studienbuchs, Sebastian Stieler und Melanie Raudszus, gelingt eine kompakte theoretische Einführung in das Thema Unternehmenskommunikation. Sie stellen durch den Einsatz von vielseitigen Übungen und Aufgaben zur Selbstüberprüfung einen umfangreichen und verständlichen Theorie-Praxis-Bezug her. Das Autorenteam schafft es, die Komplexität des Themas verständlich darzustellen und mit Praxisbeispielen aus dem Gesundheitswesen zu verknüpfen.

Ich wünsche allen Leserinnen und Lesern viel Freude bei der Bearbeitung dieses Studienbuchs.

Prof. Dr. Lena Kluge
Professorin für Kommunikation an der APOLLON Hochschule für Gesundheitswirtschaft

Bremen, im Juli 2019

Einleitung

Unternehmenskommunikation ist mehr als ein zusammengesetztes Substantiv aus den Bestandteilen „Unternehmen" und „Kommunikation". Unternehmenskommunikation bildet die Grundlage für das erfolgreiche Agieren einer Organisation – sei es im Bereich des Personalmanagements, bei der Mitarbeitergewinnung oder bei der internen Kommunikation.

Aber nicht nur (potenzielle) Mitarbeiter stehen im Fokus der Kommunikation des Unternehmens. Tragfähige Beziehungen zu Lieferanten, Kunden, Interessenten, ansässigen Nachbarn oder der Bürgerschaft einer Stadt sind für den Erfolg eines Unternehmens ebenso wichtig wie eine kompetente Geschäftsführung. Die Kommunikation mit den verschiedenen Anspruchsgruppen – mit allen Erfordernissen und Besonderheiten – bildet einen weiteren Fokus dieses Studienbuchs.

Die zahlreichen Beispiele stammen aus der Gesundheitsbranche, in der Unternehmen vor großen Herausforderungen stehen. Zum einen ist der Ruf des Unternehmens entscheidender als in anderen Branchen. Eine negative Medienresonanz kann den Erfolg eines Unternehmens sehr stark einschränken. Zum anderen steht der Gesundheitssektor vor großen Herausforderungen: Fachkräftemangel, Ärztemangel und Pflegenotstand kennzeichnen die aktuellen und zukünftigen Schwierigkeiten der Branche. Der demografische Wandel mit einer älter werdenden Gesellschaft und steigenden Ansprüchen an die Lebensqualität im Alter macht es immer schwieriger, geeignetes Personal zu finden und zu halten.

In diesem Studienbuch wollen wir Ihnen einen Einblick in verschiedene Bereiche der Unternehmenskommunikation geben. Nach dem Bearbeiten des Studienbuchs können Sie Unternehmenskommunikation von anderen Kommunikationsformen abgrenzen. Ein besonderer Schwerpunkt liegt auf der internen Unternehmenskommunikation. Weiterhin lernen Sie interne und externe Unternehmenskommunikation voneinander abzugrenzen, die Ziele beider Formen zu verstehen und für Ihre Organisation geeignete Maßnahmen auszuwählen.

Ein weiteres Kapitel widmet sich einem wichtigen Teilbereich der Unternehmenskommunikation (von manchen Autoren gar als ihre „Königsdisziplin" bezeichnet): der Krisenkommunikation.

Kommunikative Maßnahmen für den Krisenfall sollten schon im Vorhinein geplant und vorbereitet werden. Wie eine Organisation Krisen erfolgreich kommunikativ auffängt, begleitet und nachbereitet, erfahren Sie in diesem Kapitel.

Das Heft endet schließlich mit einem Kapitel zum Controlling von Kommunikationsmaßnahmen. Die beste Kommunikationsstrategie nützt nichts, wenn ihr Erfolg nicht evaluiert wird. Sie verstehen nach dem Bearbeiten des Kapitels, warum Controlling wichtig ist, und können beurteilen, welche Form der Evaluation angemessen ist.

Das Studienbuch bietet in jedem Kapitel viele Aufgaben und Übungen, die Ihnen praxisnah die Felder der Unternehmenskommunikation näherbringen und für Studium und Berufspraxis gleichermaßen hilfreich sind.

Nun wünschen wir Ihnen viel Freude und Erfolg beim Lesen und Bearbeiten dieses Buchs.

1 Einführung in die Unternehmenskommunikation

Wenn Sie dieses Kapitel bearbeitet haben, werden Sie verschiedene Definition von Unternehmenskommunikation wiedergeben sowie ihre Teilbereiche benennen können. Sie können den Nutzen der Unternehmenskommunikation für Unternehmen beschreiben und Instrumente der Unternehmenskommunikation nach ihrer Wirksamkeit bewerten.

1.1 Definition Unternehmenskommunikation

Aus kommunikationswissenschaftlicher Sicht sind Organisationen soziale Gebilde mit dauerhaften Kommunikationsbeziehungen. Damit sind Kommunikation und Unternehmen untrennbar miteinander verknüpft (vgl. Mast, 2016, S. 19).

Im Gegensatz zu persönlicher Kommunikation zwischen Familienmitgliedern, Freunden oder Kollegen ist Unternehmenskommunikation Auftragskommunikation, die im Verständnis eines strategischen Managements auf den Gesamterfolg des Unternehmens ausgerichtet ist (vgl. Zerfaß, 2014, S. 43). Ihre Ziele leiten sich aus dem jeweiligen Unternehmen ab, in dem sie verankert ist. Zur Unterstützung des Unternehmenserfolgs steht der Unternehmenskommunikation eine breite Palette an Maßnahmen - von der einfachen Arbeitsanweisung über Verkaufsgespräche und Werbemaßnahmen bis hin zu Pressekonferenzen und Imagekampagnen - zur Verfügung (vgl. Zerfaß, 2014, S. 23).

> „Der Kommunikationsprozess bildet die Grundlage für eine Organisation, aber auch für Management- und Entscheidungsprozesse. Je besser wir diesen Prozess verstehen, desto besser verstehen wir Organisationen und können mit ihnen umgehen." (Mast, 2016, S. 20)

Eine Definition von Unternehmenskommunikation zu finden, der Wissenschaft und Praxis gleichermaßen zustimmen, ist schwierig (vgl. Mast, 2016, S. 23). Bentele und Nothaft definieren Unternehmenskommunikation vereinfacht als „Gesamtheit aller in Unternehmen stattfindenden sowie von einem Unternehmen ausgehenden Informations- und Kommunikationsprozesse" (Bentele; Nothaft, 2013, S. 349).

HINWEIS

Der Begriff Unternehmenskommunikation bezieht sich im Weiteren nicht ausschließlich auf wirtschaftlich agierende Unternehmen mit dem Ziel der Gewinnsteigerung, sondern auch auf gemeinnützige Organisationen, z. B. Vereine, Verbände und öffentliche Körperschaften, beispielsweise Kirchen oder Verwaltungen.

Zerfaß und Piwinger warnen vor einem einseitigen und somit verkürzten Verständnis der Unternehmenskommunikation als reines Senden von Informationen. Dieses mechanische Bild der Kommunikation entspreche einer veralteten Vorstellung von Informationsprozessen, die dem komplexen Aushandlungsprozess von Kommunikation nicht gerecht werde. Unternehmenskommunikation sei daher als zweiseitiger Prozess bestehend aus Mitteilungs- und Verstehenshandlungen anzusehen (vgl. Zerfaß; Piwinger, 2014, S. 2). Andererseits darf der Begriff auch nicht zu weit gefasst werden: Unternehmenskommunikation bezieht sich ausschließlich auf Kommunikationsprozesse, die Akteure in Ausübung ihrer Rolle als Unternehmensmitglieder vollziehen. Demnach zählt das Gespräch unter Kollegen beim Feierabendbier nicht zur Unternehmenskommunikation, sofern es nicht zur Aufgabendefinition beiträgt. Die Grenzen sind jedoch fließend (vgl. Zerfaß, 2014, S. 43).

DEFINITION 1.1

„Als Unternehmenskommunikation bezeichnet man alle gesteuerten Kommunikationsprozesse, mit denen ein Beitrag zur Aufgabendefinition und -erfüllung in gewinnorientierten Wirtschaftseinheiten geleistet wird und die insbesondere zur internen und externen Handlungskoordination sowie Interessenklärung zwischen Unternehmen und ihren Bezugsgruppen (Stakeholdern) beitragen." (Zerfaß, 2014, S. 23)

Entsprechend der Definition von Unternehmenskommunikation nach Zerfaß werden drei Teilbereiche der Unternehmenskommunikation unterschieden (vgl. Abb. 1.1):

- **interne Kommunikation:** Steuerung aller Prozesse entlang der Wertschöpfungskette einer Organisation (vgl. Kapitel 2)
- **Marktkommunikation:** Fokus auf Marktbeziehungen (vgl. Kapitel 3.1.1)
- **Public Relations (PR):** Fokus auf gesellschaftspolitische Beziehungen (vgl. Kapitel 3.1.2)

In einem differenzierteren Verständnis lassen sich zudem spezialisierte Ausprägungen wie Investor Relations (Kommunikation mit Kapitaleigentümern und Finanzpresse), Public Affairs (politische Kommunikation) und Sponsoring unterscheiden (vgl. Bentele; Nothaft, 2013, S. 348). Trotz dieser analytischen Unterteilung nach Koordinationsmustern, Zielgruppen und konkreten Zielsetzungen streben alle Teilbereiche der Unternehmenskommunikation die „Formulierung, Realisierung und Durchsetzung konkreter Unternehmensstrategien" (Zerfaß, 2014, S. 44) an.

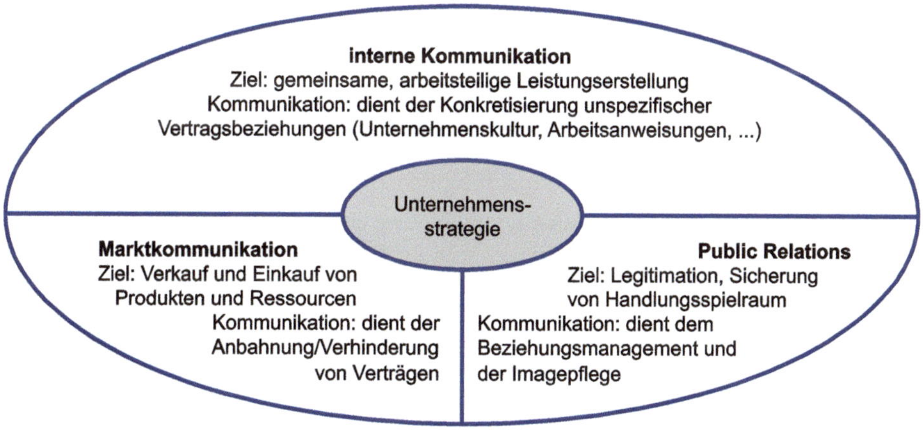

Abb. 1.1: Teilbereiche der Unternehmenskommunikation (vgl. Zerfaß, 2014, S. 44)

Weite Teile der Unternehmenskommunikation unterliegen – je nach Branche und Organisationsform – gesetzlichen Regelungen und Auflagen. Am stärksten wird der Finanzmarkt reglementiert, weshalb es eine Vielzahl von Informationspflichten für Investor Relations gibt. Auch die interne Kommunikation unterliegt auf Grundlage des deutschen Betriebsverfassungsgesetzes einigen Informationspflichten (vgl. Zerfaß; Piwinger, 2014, S. 4 f.).

1.2 Theorien der Unternehmenskommunikation

Unternehmenskommunikation ist sowohl im angloamerikanischen Raum als auch in Deutschland ein verhältnismäßig junges Forschungsgebiet, das durch verschiedene wissenschaftliche Strömungen geprägt wurde (vgl. Mast, 2016, S. 21). Vor allem die Wirtschafts- und Kommunikationswissenschaft sowie die Organisationssoziologie haben einen Beitrag zum Untersuchungsfeld geleistet. Dies hat den Vorteil, dass die verschiedenen Strömungen zu einem differenzierten Verständnis der Unternehmenskommunikation beitragen. Einen Nachteil stellt das unterschiedliche Verständnis von Begrifflichkeiten der Unternehmenskommunikation dar, wobei trotzdem Begriffe teils synonym verwendet werden (vgl. Mast, 2016, S. 22).

Da es an dieser Stelle nicht möglich ist, die Vielzahl existenter Theorien der Unternehmenskommunikation einzeln vorzustellen, werden im Folgenden ausschließlich die wichtigsten Strömungen zusammengefasst und der Status quo des theoretischen Diskurses vorgestellt.

HINWEIS

Für eine ausführliche Betrachtung der Theorien der Unternehmenskommunikation wird der folgende Sammelbeitrag empfohlen:
Mast, C. (2016). *Ausgewählte Theorien der Unternehmenskommunikation.* In: Mast, C.: Unternehmenskommunikation: Ein Leitfaden. 6. überarbeitete und erweiterte Auflage mit einem Beitrag von Simone Huck-Sandhu. Konstanz: UTB, S. 23–65.

Aus der Perspektive des **marketingorientierten Verständnisses** von Unternehmenskommunikation ist Public Relations ein „Anhängsel" des Marketingmix (vgl. Zerfaß, 2010, S. 47). Der Ausgangsfrage dieses wirtschaftswissenschaftlichen Forschungsgebiets folgend, welchen Beitrag Kommunikation zur Erreichung der Unternehmensziele leistet, hat Öffentlichkeitsarbeit „lediglich eine Ergänzungsfunktion beim Aufbau von Unternehmens-, Marken- und Produktimages" (Mast, 2016, S. 35). Das komplexe Beziehungsgeflecht zwischen Unternehmen und Öffentlichkeit wird in dieser Perspektive nur grob erfasst. Die Theorien geben beispielsweise keine Antwort darauf, wie Krankenhäuser oder Pflegeeinrichtungen mit der Lokalpolitik verwoben sind und warum sie überhaupt kommunizieren sollten (vgl. Mast, 2016, S. 35).

Trotzdem bringt das Marketing wichtige Erkenntnisse für das heutige Verständnis von Unternehmenskommunikation in den Diskurs ein (vgl. Zerfaß, 2010, S. 236). Dazu zählen das Verständnis von Kommunikationsmanagement als Abfolge von Planung, Strategie, Umsetzung und Kontrolle von Kommunikationsmaßnahmen, die Verzahnung von Kommunikationsinstrumenten, wie z. B. Website, Broschüren und Poster, und die Bedeutung immaterieller Werte für den Unternehmenserfolg.

Der Marketingorientierung steht die PR-Forschung gegenüber. Diese versucht, Antworten zur gesellschaftlichen Einbindung der Kommunikation in Unternehmen zu finden, indem sie der Frage nachgeht, welchen Beitrag Kommunikation von und in Unternehmen für die moderne Gesellschaft leistet. Die PR-Forschung kennt zwei grundsätzlich unterschiedliche Ansätze:

- **organisationstheoretischer Zugang:** Dabei wird Public Relations als Kommunikationsfunktion verstanden. Ausgangspunkt aller Überlegungen bildet das von Grunig et al. stammende und mehrfach weiterentwickelte Konzept der vier PR-Modelle. Diesem liegt das Verständnis zugrunde, dass ausnahmslos alle gesellschaftlichen Akteure den gleichen (symmetrischen) Zugang zu Medien und Informationen haben. Das Konzept wird häufig genau wegen dieser Idealisierung kritisiert, da der Zugang stets an Macht und Geld gebunden ist (vgl. Mast, 2016, S. 30).
- **gesellschaftstheoretische Ansätze:** Sie fragen nach der Sinnstiftungsfunktion der Public Relations in modernen Gesellschaften. Dieser Theoriezweig wurde in erster Linie durch einen Essay von Ronneberger (1977) geprägt. Alle Überlegungen sind stark mit dem öffentlichen Meinungsbildungsprozess verknüpft (vgl. Zerfaß, 2010, S. 47 f.). Durch die Betonung der gesellschaftlichen Rolle der Public Relations rückt jedoch der Unternehmenszweck in den Hintergrund (vgl. Szyszka, 2008, S. 174).

Zerfaß (1996) versucht mit der **Theorie der integrierten Unternehmenskommunikation**, die bis dahin losgelösten sozialtheoretischen, kommunikationswissenschaftlichen und betriebswirtschaftlichen Ansätze zusammenzuführen (vgl. Mast, 2016, S. 23). Damit legt er nach Ronneberg und Rühl den zweiten umfangreichen Theorieentwurf für die Unternehmenskommunikation vor (vgl. Szyszka, 2008, S. 169). Seine Theorie stellt die in den unterschiedlichen Strömungen diskutierten Ausrichtungen am Markt (Marketingansätze) sowie im gesellschaftlichen Umfeld (PR-Forschung) gleichrangig nebeneinander (vgl. Szyszka, 2008, S. 170). Zerfaß versteht die gesellschaftliche Integration von Organisationen als notwendige Voraussetzung für den Unternehmenserfolg, weil Unternehmen aufgrund knapper Ressourcen und der Arbeitsteiligkeit stets in soziale Beziehungen eingebunden sind. Unternehmenskommunikation leistet bei der hierzu notwendigen Koordination mit anderen Akteuren und der Aushandlung von Interessen einen zentralen Beitrag. Über die gesellschaftliche Integration hinaus fordert Zerfaß (2014, S. 24) die Integration der verschiedenen Kommunikationshandlungen im Unternehmen sowie ihre inhaltliche, formale, zeitliche und dramaturgische Abstimmung aufeinander. Die Theorie kann nicht als praxisbezogener Leitfaden verstanden werden, sondern stellt ein idealtypisches Modell dar, das versucht, das umfassende Feld der Unternehmenskommunikation in einen theoretischen Zusammenhang zu bringen.

HINWEIS

Für eine ausführliche Auseinandersetzung mit der Theorie der integrierten Unternehmenskommunikation wird folgende Publikation empfohlen: Zerfaß, A. (2010). *Unternehmensführung und Öffentlichkeitsarbeit. Grundlagen einer Theorie der Unternehmenskommunikation und Public Relations*. 3. aktual. Auflage Wiesbaden: VS Verlag für Sozialwissenschaften.

1.3 Unterscheidung von Stakeholdern und Zielgruppen

Ein Unternehmen kann – unabhängig von der Branche – nur dann langfristig sein Überleben sichern, wenn es mit anderen Institutionen und Individuen kooperiert (vgl. Schmid; Lyczek, 2008, S. 28). Ob Verhandlungen mit Lieferanten im nicht öffentlichen Raum oder die öffentliche Diskussion über die Finanzierung des Umbaus einer Klinik: Unternehmen befinden sich in einem ständigen Aushandlungsprozess zwischen individuellen Ansprüchen, gemeinwohlorientierten Forderungen, politischer Einflussnahme und wettbewerblichen Interventionen (vgl. Schmid; Lyczek, 2008, S. 30). Im Mittelpunkt steht dabei stets die Frage, wie viel Handlungsautonomie das Unternehmen von den anderen Akteuren erhält.

> Unternehmerisches Handeln tangiert auch viele Akteure in der Umwelt des Unternehmens. Der Aufbau einer Beziehung zu diesen Anspruchsgruppen stellt eine Voraussetzung für den Unternehmenserfolg dar.

Seine Grundlage findet dieses Verständnis im **Stakeholder-Ansatz** (vgl. Freeman; Evan, 1993). Danach befinden sich Unternehmen in einem Netz aus Interessen und unterschiedlichen Ansprüchen. Als **Stakeholder** werden Einzelpersonen und Gruppierungen bezeichnet, die einen „stake", also ein berechtigtes Interesse am Verlauf oder Ergebnis eines Prozesses haben. Im Deutschen wird Stakeholder häufig mit „Anspruchsgruppen", „Bezugsgruppen" oder „Interessengruppen" übersetzt (vgl. Nothaft, 2013, S. 326).

Neben Kapitalgebern werden vor allem Kunden bzw. Patienten, Mitarbeiter, Behörden, Massenmedien und Nichtregierungsorganisationen (vgl. Abb. 1.2) von den Entscheidungen eines Unternehmens tangiert und sollten daher in das unternehmerische Handeln einbezogen werden (vgl. Zerfaß, 2014, S. 25).

DEFINITION 1.2

„Generell gesagt, sollen als Stakeholder einer Organisation alle Gruppen oder Personen verstanden werden, die die Zielerreichung der Organisation beeinflussen können oder die durch deren Zielerreichung direkt oder indirekt betroffen sind – wobei unter den Begriff ‚Gruppe' auch Netzwerke, Verbände und Regierungen fallen (...)." (Steinmann et al., 2013, S. 84)

Abb. 1.2: Schematische Darstellung typischer Stakeholder von Unternehmen

Der Stakeholder-Ansatz stellt eine Alternative zum bis in die 1980er-Jahre vorherrschenden **Shareholder-Ansatz** dar. Demzufolge sind Unternehmen ausschließlich dem Prinzip der Wirtschaft verpflichtet, welches sich allein an den Interessen der Eigentümer und Kapitalgeber ausrichtet. Dieser Ansatz greift in der Unternehmenspraxis jedoch zu kurz, da Unternehmen keine rein finanziellen Konstrukte, sondern auch soziale Organisationen sind (vgl. Zerfaß, 2014, S. 25).

ÜBUNG 1.1:

Ein Pharmaunternehmen plant den Bau eines neuen Produktionsstandorts. Dafür soll das Werksgelände einer stillgelegten Seifenfabrik von der Stadt gekauft werden, das diese zurzeit für Künstler und einen Jugendtreff zur Verfügung stellt. Überlegen Sie bitte, welche Personengruppen ein Interesse an dem Vorhaben des Pharmaunternehmens haben und welche Perspektive sie einnehmen.

Verschiedene Stakeholder können unterschiedlich starken Einfluss auf ein Unternehmen ausüben. Einige Stakeholder sind in der Lage, über Erfolg und Misserfolg eines Unternehmens zu entscheiden, weil sie über entsprechende Beziehungen und Aufmerksamkeit in der Öffentlichkeit verfügen. Daneben gibt es aber auch solche Gruppen, die unabhängig von ihrer Möglichkeit der Einflussnahme ein Interesse an Entscheidungen von Unternehmen haben (vgl. Nothaft, 2013, S. 326). Ein Unternehmen sollte zwar all seine Stakeholder genau kennen, um potenzielle Konflikte frühzeitig zu identifizieren; es ist jedoch nicht notwendig, mit allen Stakeholdern in einem kontinuierlichen Austausch zu stehen. Die Definition, wer ein relevanter Stakeholder ist, ist eine ethische Frage, deren Beantwortung der Unternehmenskommunikation in enger Abstimmung mit der Unternehmensleitung überlassen bleibt (vgl. Nothaft, 2013, S. 326).

In der Literatur werden unterschiedliche Vorgehensweisen vorgeschlagen, um Stakeholder zu kategorisieren und nach ihrer Relevanz einzustufen. Die **Macht-Interessen-Matrix** (vgl. Mendelow, 1991) positioniert die Stakeholder nach der Macht, die sie über das Unternehmen haben, und dem Interesse, das sie an seinem Handeln haben. Je nach Ausprägung dieser beiden Dimensionen empfiehlt Mendelow vier strategische Vorgehensweisen, die in Abb.1.3 dargestellt werden.

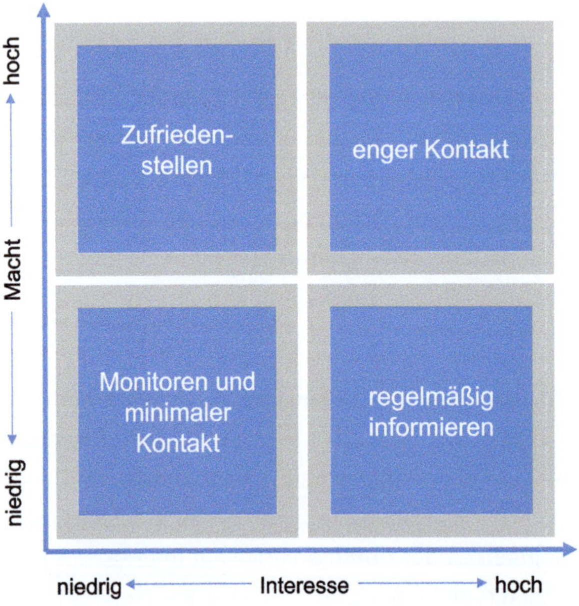

Abb. 1.3: Macht-Interessen-Matrix (vgl. Mendelow, 1991)

HINWEIS

Für eine ausführliche Auseinandersetzung mit dem Thema Stakeholder-Management wird das folgende Handbuch empfohlen:

Menz, F.; Stahl, H. K. (2008). *Handbuch Stakeholderkommunikation: Grundlagen – Sprache – Praxisbeispiele.* Berlin: Erich Schmidt.

Von dem Begriff des Stakeholders zu unterscheiden ist die **Zielgruppe**. Während Stakeholder sich anhand gemeinsamer Interessen natürlich entwickeln, stellen Zielgruppen eine Aggregation der vom Unternehmen als relevant erachteten Personen dar, die in bestimmten (demografischen) Merkmalen sowie ihrem Mediennutzungsverhalten übereinstimmen (vgl. Nothaft, 2013, S. 326).

DEFINITION 1.3

Eine Zielgruppe ist die „Gesamtheit der Personen, an die planmäßig marketingpolitische oder PR-Instrumente gerichtet werden" (Altmeppen, 2013, S. 387).

Die Definition von Zielgruppen aus der Gesamtmenge der Stakeholder ist wichtig für die strategische Planung der Unternehmenskommunikation. Denn nur wenn bekannt ist, welche Zielgruppen erreicht werden sollen, können die Maßnahmen und Inhalte der Unternehmenskommunikation effizient eingesetzt werden. Je präziser eine Zielgruppe eingegrenzt werden kann, desto geringer ist der Streuverlust, weil z. B. Facebook-Anzeigen zielgenau gekauft und gestaltet werden können (vgl. Altmeppen, 2013, S. 387). Die Definition von Zielgruppen orientiert sich an den Zielen der Unternehmenskommunikation (vgl. Altmeppen, 2013, S. 388).

BEISPIEL 1.1

Eine große Senioreneinrichtung in Köln richtet ihre Unternehmenskommunikation neu aus und definiert Hauptzielgruppen für jeden der drei Bereiche der Unternehmenskommunikation: Im Mittelpunkt der **internen Kommunikation** stehen das aktuelle Pflegepersonal sowie die auszubildenden Pflegekräfte. Für die **Marktkommunikation** identifiziert das Team mit a) Personen zwischen 40 und 50 Jahren im Großraum Köln, die vor der Entscheidung stehen, ob sie ihre Eltern selbst pflegen oder in Pflege geben, sowie b) alleinstehende Senioren ab 65 in Köln zwei wesentliche Zielgruppen. Im Rahmen der **Public Relations** konzentriert sich das Team zukünftig auf ausgewählte Kommunalpolitiker, zwei Kölner Lokaljournalisten sowie einen Sozialverband, mit dem langjährige Beziehungen bestehen.

1.4 Wertschöpfung durch Kommunikation

Unternehmensinteressen können je nach Branche und individueller Unternehmenskultur variieren. Der Kern unternehmerischen Handelns ist jedoch bei allen Unternehmen der gleiche: Jedes Unternehmen muss Absatz erzielen und sich Zugang zu Ressourcen und Märkten - etwa dem Arbeitsmarkt, dem Markt um Kapital und Produkte - sichern (vgl. Schmid; Lyczek, 2008, S. 32). Wie das vorangegangene Kapitel (vgl. Kapitel 1.3) deutlich gemacht hat, gelingt dies nur, wenn Unternehmen Beziehungen zu anderen Akteuren ihrer Umwelt pflegen.

An diese Auffassung knüpft das Konzept der Wertschöpfung durch Kommunikation für das Unternehmen an (vgl. Zerfaß; Piwinger, 2014, S. 9). In der Praxis lassen sich vier Hebel der Wertschöpfung durch Kommunikation unterscheiden (vgl. Zerfaß, 2014, S. 29):

- **Unterstützung der laufenden Leistungserstellung:** Unternehmenskommunikation wirkt ertragssteigernd, indem sie z. B. die Vermarktung und damit die Nachfrage eines Produkts fördert. Gleichzeitig können durch die Unterstützung eines reibungslosen Managementprozesses und der geförderten Motivation von Mitarbeitern und Partnern Kosten gesenkt werden (vgl. Zerfaß, 2014, S. 29 f.).
- **Aufbau immaterieller Erfolgspotenziale:** Unternehmenskommunikation baut langfristig kommunikative Reserven auf, die im Falle einer Krise - beispielsweise bei einer Salmonellenepidemie in einem Krankenhaus - abgerufen und in geldwerte Vorteile umgewandelt werden können. Zu diesen gehören Glaubwürdigkeit und Vertrauen, die Unternehmensreputation und die Unternehmenskultur (vgl. Zerfaß, 2014, S. 30 f.).

BEISPIEL 1.2

Ein Krankenhaus in einer Kleinstadt konnte über einen langen Zeitraum durch konsistentes Handeln – d. h. durch eine Harmonie zwischen den Botschaften der Unternehmenskommunikation und dem sichtbaren Handeln der Krankenhausleitung – sowie durch eine offene Außendarstellung (z. B. Tag der offenen Tür und freiwillige Zertifikate) hohes Vertrauen bei den Anwohnern gewinnen.

Nun hat ein junger Lokaljournalist einen Artikel veröffentlicht, in dem er der Cafeteria des Krankenhauses vorwirft, gegen Hygienevorschriften zu verstoßen. Er bezieht sich ausschließlich auf die Beobachtungen zweier Patienten. Weder das Veterinäramt noch das Krankenhaus geben in dem Artikel eine Stellungnahme ab.

Die Wahrscheinlichkeit, dass die Anwohner den Anschuldigungen des Journalisten glauben und zukünftig lieber in ein Krankenhaus in der nahegelegenen Landeshauptstadt gehen, ist geringer als bei einem Krankenhaus, das in der Vergangenheit wenig von sich preisgegeben und nicht offen kommuniziert hat. Mehr dazu erfahren Sie in Kapitel 4.

- **Strategieunterstützung:** Indem Unternehmenskommunikation den Markt und die öffentliche Meinungsbildung beobachtet, nimmt sie strategierelevante Themen (Issues) – beispielsweise Gesetzesentwürfe zur Telemedizin – ebenso wahr wie potenzielle Krisenherde. Mit diesem Wissen unterstützt sie die Strategiedefinition und Positionierung des Unternehmens, da es sich frühzeitig auf Änderungen einstellen kann (vgl. Zerfaß, 2014, S. 31).
- **Sicherung von Handlungsspielraum:** Handlungsspielraum, im Sinne eines hohen Freiheitsgrads beim Beschreiten neuer, teils unkonventioneller Wege, ist unverzichtbar für Unternehmen, um sich weiterzuentwickeln und innovativ zu bleiben. Unternehmen – genau wie Individuen – wird mehr Handlungsspielraum gewährt, wenn eine enge und langjährige Beziehung zwischen dem Unternehmen und weiteren Stakeholdern besteht (vgl. Zerfaß, 2014, S. 31).

BEISPIEL 1.3

Kommen wir noch einmal zurück zu dem Pharmaunternehmen, das ein Werksgelände von der Stadt kaufen will (vgl. Übung 1.1). Wenn dieses Unternehmen bisher immer gute Beziehungen zur Stadt, vor allem aber zu sozialen Interessenverbänden, gepflegt hat, dann fällt der Widerstand gegen den geplanten Kauf vermutlich vergleichsweise gering aus. Die Stakeholder wissen dann aus eigener Erfahrung, dass das Pharmaunternehmen auch soziale Interessen einbezieht, sich in der Gemeinschaft engagiert und ggf. sogar bei der Suche eines neuen Standorts für den Jugendtreff unterstützt.

Unternehmenskommunikation trägt also auf zwei Arten zur Wertschöpfung bei. Einerseits schafft sie einen *direkten* Mehrwert für das Unternehmen, z. B. durch die Implementierung einer Unternehmenskultur, in der alle Mitarbeiter sich voll und ganz auf die Erfüllung der Bedürfnisse und Wünsche ihrer Patienten oder Kunden fokussieren, oder durch den Aufbau einer Marke. Diese Ressourcen sind für das Unternehmen sehr wertvoll, weil sie im Gegensatz zu materiellen Werten kaum zu imitieren sind. Andererseits trägt Unternehmenskommunikation *indirekt* zur Wertschöpfung bei, indem sie die Mitarbeiter zur fehlerfreien Aufgabenerfüllung motiviert bzw. befähigt und einen möglichst großen Handlungsspielraum für das Unternehmen sichert (vgl. Zerfaß, 2008a, S. 536).

1.5 Medien und Kommunikationswege der Unternehmenskommunikation

Der Austausch mit internen und externen Stakeholdern findet im besonderen Maße medienvermittelt statt. Dafür steht der Unternehmenskommunikation ein wiederkehrendes Set an Kommunikationsstrukturen und -medien, ein sogenanntes **Medienportfolio**, zur Verfügung (vgl. Mast, 2016, S. 163).

Medien besitzen spezifische Eigenschaften, zu deren Charakterisierung verschiedene Kriterien herangezogen werden können. Die wohl bekannteste Kategorisierung in der Medienwissenschaft ist die von Harry Pross (1972). Er hat drei **technische Kategorien** für Medien definiert (vgl. Pross, 1972, S. 127 ff., S. 145 ff., S. 224 ff.):

- **Primärmedien:** Menschliche Elementarkommunikation, die gänzlich ohne Hilfsmittel auskommt, beispielsweise Sprache, Mimik, Gestik. Dabei sind Sender und Empfänger im selben Raum und können sich sehen und hören.
- **Sekundärmedien:** Kommunikationsformen, bei denen ausschließlich der Sender technische Hilfsmittel zur Produktion benötigt, z. B. Brief, Zeitung.
- **Tertiärmedien:** Kommunikation, bei der sowohl Sender als auch Empfänger technische Hilfsmittel zur Produktion bzw. zum Konsum der Kommunikationsinhalte benötigen, z. B. Fernsehen und Radio.

In der Unternehmenskommunikation gibt es neben der grundsätzlichen Einteilung in interne Medien - wie z. B. Mitarbeiterzeitung, Aushang am Schwarzen Brett - und externe Medien - beispielsweise Pressemitteilung, TV-Spot - und Kommunikationsmaßnahmen drei Kriterien, nach denen die Unternehmenskommunikation unterschieden wird:

- **Kommunikationsform:** In Anlehnung an Harry Pross' technische Kriterien werden die Medien nach persönlicher Kommunikation (Face-to-Face), schriftlicher bzw. gedruckter Kommunikation und elektronischer Kommunikation unterteilt. Einige Autoren grenzen zudem digitale Medien von elektronischen Medien ab. Digitale Medien wie Internetseiten und interne Wissensplattformen stellen eine Unterkategorie elektronischer Medien dar, zu der zusätzlich z. B. Unternehmensfernsehen und Podcasts zählen (vgl. Mast, 2014, S. 1135).
- **Kommunikationsrichtung:** Kommunikation kann aufwärts, abwärts und horizontal ausgerichtet sein.
  - Unternehmen mit einem traditionellen Kommunikationsverständnis nutzen fast ausschließlich abwärtsgerichtete Kommunikationswege. Das Unternehmen unterrichtet seine Stakeholder vertikal entlang einer Informationskaskade über jüngste Managemententscheidungen oder erteilt Instruktionen (vgl. Mast, 2016, S. 281). Diese Funktion ist wichtig, sollte jedoch nicht allein bestehen.

- Für eine erfolgreiche Unternehmensführung ist auch ein aufwärtsgerichteter Informationsfluss endscheidend, durch den relevante Informationen über Feedbackkanäle von Teammitgliedern an Führungskräfte und von Kunden bzw. Patienten an die Geschäftsführung fließen (vgl. Mast, 2016, S. 281).
- Die horizontale Kommunikation stellt eine Mischform dar, die u. a. den dialogischen Austausch zwischen Mitarbeitern einer Hierarchiestufe und Akteuren einer sozialen Gruppe einschließt (vgl. Mast, 2016, S. 285).

■ **Kommunikationszugang:** Hier wird zwischen Push- und Pull-Medien unterschieden (vgl. Mast, 2016, S. 175 f.):

- Push bedeutet im Medienkontext, dass Nachrichten aktiv zu den Rezipienten „geschoben werden". Dieses Prinzip ist vor allem durch die Push-Nachrichten auf dem Smartphone bekannt geworden. In der Unternehmenskommunikation wird so die Zielgruppe auf Botschaften aufmerksam gemacht, die aus Sicht des Unternehmens relevant oder bisher unbekannt sind. Typische Push-Medien sind Newsletter, Flyer und immer häufiger Push-Nachrichten in Unternehmens-Apps.
- Bei Pull-Medien „zieht" sich der Rezipient nur die Informationen, die für ihn relevant sind oder auf die er zufällig stößt. Die wohl am weitesten verbreiteten Pull-Medien sind die Internetseite und ihr internes Pendant, das Intranet.

> **!** Ein leistungsfähiges Medienportfolio sollte – unabhängig von der Zielgruppe – Medien aller Kommunikationsformen, -richtungen und -zugänge enthalten (vgl. Mast, 2016, S. 166).

ÜBUNG 1.2

Listen Sie bitte auf, welche Medien der Unternehmenskommunikation Ihnen bekannt sind und wie diese hauptsächlich genutzt werden. Beschränken Sie sich dabei nicht auf die Medien, die Ihre Organisation einsetzt. Notieren Sie ebenfalls Medien, die Sie aus der Kommunikation anderer Unternehmen kennen.

1.5.1 Identifikation von Lücken im Medienportfolio

Wenn Mitarbeiter trotz breiter Kommunikation nichts von dem neuen Stundenerfassungssystem wissen oder relevante Branchenjournalisten nach dem Versand einer Pressemitteilung noch nicht gehört haben, dass die Geschäftsführung einer Einrichtung gewechselt hat, dann deutet dies auf Lücken im Medienportfolio hin. Um Informationsdefizite gar nicht erst entstehen zu lassen, hat sich eine Ist/Soll-Analyse des Medienportfolios (vgl. Abb. 1.4) bewährt (vgl. Tessmer, 2015, S. 154). Sie hilft der Abteilung Unternehmenskommunikation dabei, zu überprüfen, ob das interne oder externe Medienportfolio noch attraktiv für die Zielgruppe ist und weiterhin zur Zielerfüllung beiträgt.

Entlang der internen und externen Kommunikationsziele werden zunächst die aktuellen Medien in einer Matrix erfasst (vgl. Kapitel 2.1.2; 3.1.1; 3.1.2). Dabei werden funktionale Ballungen und Lücken im Medienportfolio sichtbar. Zahlen zu viele Medien auf ein Kommunikationsziel ein (Ballungen), spricht dies für eine Verschwendung von Ressourcen. Zahlt hingegen kein Medium auf ein Kommunikationsziel ein, wird die Wirkungskette unterbrochen. An dieser Stelle besteht eine Lücke im Medienportfolio.

Zur Optimierung gibt es zwei Möglichkeiten:

- Bereits vorhandene Medien werden in ihrer Funktion angepasst, indem ihnen neue Themen oder eine neue Nutzungsart zugewiesen wird.
- Neue Medien werden zum Medienportfolio hinzugefügt.

Aus ökonomischer Perspektive ist es häufig kostengünstiger, vorhandene Kommunikationskanäle zu adaptieren, als neue Medien zu entwickeln. Vor allem die Einführung technologisch aufwendiger Kanäle wie einer Intranetplattform ist mit hohem Personal-, Kosten- sowie Zeitaufwand verbunden und häufig nicht ohne Dienstleister realisierbar (vgl. Schick, 2010, S. 54).

Abb. 1.4: Ist/Soll-Analyse des Medienportfolios (vgl. Tessmer, 2015)

Die Abb. 1.4 zeigt eine Ist/Soll-Analyse am Beispiel der internen Kommunikation. Die Kreise im Hintergrund benennen die typischen Kommunikationsziele der internen Kommunikation. Die vorhandenen Medien werden in diesem Beispiel in Grau dargestellt, neue Medien bzw. adaptierte Medien in Blau. Pfeile stellen die Weiterentwicklung von Medien dar.

HINWEIS

Durch Austausch der Kommunikationsziele kann die Ist/Soll-Analyse in jedem Bereich der Unternehmenskommunikation eingesetzt werden. Für eine Analyse der externen Kommunikationsmedien eignen sich die Ziele: Information, Bekanntheit, Monitoring, Bindung und schließlich Commitment.

1.5.2 Auswahl geeigneter Medien für spezifische Kommunikationsaufgaben

Aufgrund ihrer unterschiedlichen Eigenschaften sind nicht alle Medien zum Transport jeden Inhalts und zur Erreichung jedes Kommunikationsziels geeignet. Auch die potenzielle Nutzungssituation und die Nutzungsvorlieben der Zielgruppe spielen eine entscheidende Rolle bei der Medienwahl (vgl. Mast, 2016, S. 165).

> **!** Die Suche nach dem richtigen Kommunikationsweg ist eine konzeptionelle Frage. Zunächst gilt es zu klären, welche Kommunikationsform für die Zielerreichung geeignet ist. Im zweiten Schritt folgt die Frage nach dem Kommunikationsmedium (vgl. Schick, 2010, S. 50).

Daft und Lengel (1986) haben mit der **Media-Richness-Theorie** einen Ansatz entwickelt, mit dem Kommunikationsverantwortliche Medien entsprechend der Komplexität der Kommunikationsaufgabe auswählen können. Die Theorie kategorisiert Medien in reichhaltige und arme Medien. Komplexe Kommunikationsinhalte lassen sich dem Ansatz zufolge besser über reichhaltige Medien - z. B. persönliches Gespräch, Videobotschaft - vermitteln. Sie verfügen über eine größere Kapazität, weil sie neben Text zahlreiche Zusatzinformationen wie beispielsweise Emotionen, Bilder und Ton übermitteln. Daft und Lengel bestimmen die Reichhaltigkeit eines Mediums anhand von vier Kriterien (vgl. Daft; Lengel, 1986):

- Feedbackpotenzial (sofortiges Feedback bis gar keine Feedbackmöglichkeit)
- Anzahl der vermittelten Kommunikationsdimensionen (verbal und nonverbal)
- Gebrauch menschlicher Sprache versus Einsatz technischer Codes
- soziale Präsenz der Gesprächspartner

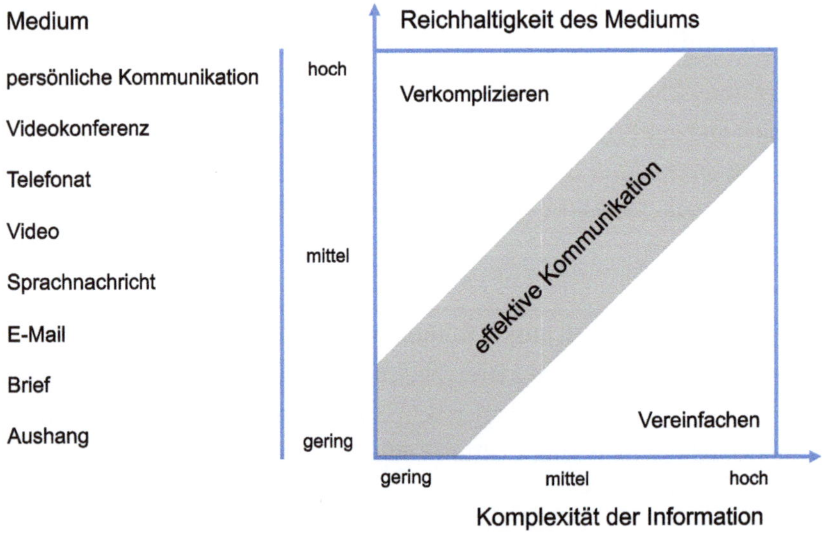

Abb. 1.5: Media-Richness-Theorie (vgl. Daft; Lengel, 1986)

Die Abb. 1.5 zeigt eine Einteilung ausgewählter Medien nach ihrer Reichhaltigkeit. Persönliche Kommunikation stellt die reichhaltigste Form der Kommunikation dar. Ihr Einsatz ist unverzichtbar, um Veränderungen zu kommunizieren, neue Werte zu verankern oder eine anderweitige nachhaltige Verhaltensänderung bei der Zielgruppe zu erwirken. Nur im zwischenmenschlichen Austausch ist es möglich, auf Unsicherheiten und Ängste einzugehen und Interpretationshilfen zu bieten (vgl. Mast, 2016, S. 169).

Solche Kommunikationsaufgaben sind in der Praxis jedoch eher die Ausnahme. Routineinformationen müssen hingegen täglich vermittelt werden. Für einfache Arbeitsanweisungen oder Prozessinformationen, die keine Auswirkungen auf die Stakeholder haben, reicht es aus, wenn die Unternehmenskommunikation arme Medien - z. B. Vorlagen für Aushänge - bereitstellt (vgl. Mast, 2016, S. 169).

Die Vermittlung einfacher Informationen über reichhaltige Medien würde zu einer Überbetonung des Inhalts führen. Die Zielgruppe kann auf Dauer nicht mehr einschätzen, wie bedeutend die Information ist (Verkomplizieren der Kommunikation). Werden umgekehrt sehr komplexe Informationen dauerhaft über arme Medien kommuniziert, wird den Rezipienten nicht die gesamte Tragweite des Inhalts deutlich, da zahlreiche Zusatzinformationen verloren gehen (Vereinfachen der Kommunikation) (vgl. Mast, 2016, S. 169).

Abschließend stellen die Bedürfnisse und Vorlieben der Zielgruppe ein wesentliches Entscheidungskriterium bei der Medienauswahl dar. Die Abteilung für Unternehmenskommunikation sollte stets darauf achten, welche Medien die Zielgruppe bereits nutzt und bevorzugt. Auch die Zeit, die der Zielgruppe zur Aufnahme der Informationen zur Verfügung steht, spielt eine wesentliche Rolle für die Aufbereitung der Inhalte sowie den Zeitpunkt der Veröffentlichung. Genaue Kenntnisse über die Zielgruppe sind daher eine wichtige, wenn nicht sogar die wichtigste Voraussetzung für den Kommunikationserfolg (vgl. Mast, 2016, S. 166).

BEISPIEL 1.4

Der niedersächsische kinder- und jugendärztliche Dienst will sich mit einem neuen Angebot direkt an Jugendliche wenden. Dabei soll es um die Prävention von körperlichen und seelischen Beschwerden gehen, die durch Stress in der Schulabschlussphase hervorgerufen werden. Das Projektteam überlegt sich dafür, wie es die Zielgruppe am besten erreichen kann.

Zunächst entscheidet das Team, dass die Jugendlichen in einem Alter sind, in dem sie direkt angesprochen werden sollten. Denn in diesem Alter tauschen sie sich eher mit ihren Freunden und Klassenkameraden über Probleme aus als mit ihren Eltern.

Nach einer kurzen Diskussion über das alltägliche Verhalten ihrer eigenen Kinder und einer kurzen Recherche zur Mediennutzung von Jugendlichen wird dem Team weiter klar: Flyer und Broschüren würden nur im Rucksack verschwinden und irgendwann im Mülleimer landen. Um wirklich Aufmerksamkeit von der Zielgruppe zu erhalten, muss der kinder- und jugendärztliche Dienst sich dort präsentieren, wo die Jugendlichen die meiste Zeit ihres Tages verbringen – in den sozialen Medien.

Was dem Team noch auffällt: In den sozialen Medien gibt es kaum lange Texte. Vielmehr teilen die Jugendlichen Bilder und kurze Videos miteinander. Die Informationen müssen also in kurzen Sequenzen aufbereitet werden und die Zielgruppe direkt ansprechen.

Also beginnt das Projektteam mit der Entwicklung einer Social-Media-Kampagne, die auf die Zielgruppe zugeschnitten ist und mit eigenen Kanälen, einem Hashtag und der Einbindung von Influencern (Botschaftern) arbeitet.

HINWEIS

Ein aktueller Ansatz zur Analyse der Mediennutzung von Zielgruppen ist die **Touchpoint-Analyse** (Kontaktpunkt-Analyse). Sie stellt Methoden zur Identifikation der Medien bereit, mit denen eine Person der Zielgruppe im Laufe eines Tages bzw. einer Kaufentscheidung in Berührung kommt. Dieses Wissen ermöglicht es, gezielte Kommunikationsangebote bereitzustellen, die nahtlos in den Alltag des Rezipienten integriert sind.

Zur eingehenden Auseinandersetzung mit der Touchpoint-Analyse wird das folgende Buch empfohlen:
Schüller, A. M. (2014). *Das Touchpoint-Unternehmen: Mitarbeiterführung in unserer neuen Businesswelt.* Offenbach: GABAL.

1.5.3 Integration der Kommunikationsmedien und -inhalte

Gerade bei komplexeren Themen genügt es nicht, ein Thema nur einmalig und ausschließlich über ein Medium zu kommunizieren, um sicherzustellen, dass die Informationen verstanden und evtl. in Handeln umgesetzt werden. Dafür gibt es verschiedene Gründe:

- Die zunehmende Informationsflut und die Individualisierung der Mediennutzung haben Auswirkungen auf die Erreichbarkeit der Zielgruppen. Die Unternehmenskommunikation muss ihre Zielgruppen über mehrere Wege ansprechen (Kontaktpunkte schaffen), um die Wahrscheinlichkeit zu erhöhen, dass die Inhalte wahrgenommen werden.
- Unternehmen verfolgen oftmals mehrere Zielsetzungen mit einem Thema. Zur Erreichung verschiedener Ziele werden unterschiedliche Kommunikationsmedien benötigt. Besonders deutlich wird dies bei tiefgreifenden Veränderungen der Organisationsstrategie oder -werte. Intern zielt die Organisation damit auf eine Verhaltensänderung der Mitarbeiter ab. Gleichzeitig verfolgt die Organisation auch das externe Ziel, sich neu gegenüber Kunden zu positionieren. Zur Erreichung der beiden Zielgruppen sind unterschiedliche Medien notwendig.
- Viele Kommunikationsanlässe der Unternehmenskommunikation zielen auf eine Einstellungs- oder Verhaltensänderung der Adressaten ab. Dies ist ein langer Prozess, der kontinuierlich kommunikativ begleitet werden muss. So kann z. B. ein bei den Lokalpolitikern über Jahre aufgebautes Image einer Pflegeeinrichtung nicht mit einer einzigen Pressemitteilung verändert werden, sondern muss durch gezielte Informationen und kontinuierliches Handeln nach und nach umgeformt werden.

Daher ist es notwendig, **integrierte Kommunikationspakete** zu konzipieren, die das Thema über mehrere Medien in unterschiedlicher Intensität und mit unterschiedlichem inhaltlichen Schwerpunkt transportieren.

> **!** Wichtig ist dabei sowohl die inhaltliche als auch die technische Vernetzung der Medien: So ist es nicht ratsam, einen identischen Inhalt in zwei Medien zu kommunizieren. Stattdessen sollten die Besonderheiten des jeweiligen Kanals durch inhaltliche Anpassungen ausgeschöpft werden.

Nutzen Sie die Möglichkeiten der digitalen Kommunikation, um auf weitere Informationen in anderen Medien zu verlinken oder geben Sie die Adresse der Internetseite an, auf der weitere Informationen zu finden sind (vgl. Schick, 2010, S. 52).

In Beispiel 1.5 wird die Integration von Medien und Inhalten der internen Kommunikation verdeutlicht. Interne Kommunikation wird vertiefend in Kapitel 2 behandelt.

BEISPIEL 1.5

Eine mittelständische Krankenkasse hat ein neues Unternehmensziel ausgerufen: Innerhalb von zwei Jahren will sie die beste Kundenbetreuung in Niedersachsen bieten. Voraussetzung für das Erreichen dieses Ziels ist die Verankerung eines ausgeprägten Servicegedankens bei allen Mitarbeitern. Sie sind diejenigen, die im direkten Kontakt mit den Versicherten stehen. Die Geschäftsführung beauftragt die Abteilung Interne Kommunikation mit der Entwicklung geeigneter Kommunikationsmaßnahmen. Diese erarbeitet einen Plan, wie verschiedene Kanäle mit Inhalten gespeist werden sollen, und geht wie folgt vor:

- Zunächst informiert die Abteilung alle Mitarbeiter über das Unternehmensziel in einem ausführlichen Artikel in der Mitarbeiterzeitung.
- Ergänzend dazu werden die wichtigsten Eckpunkte in einem kurzen Intranetbeitrag zusammengefasst. Er verlinkt auf eine Intranetseite, die die neuen Werte der Institution und die optimierten Verhaltensweisen der Mitarbeiter näher beschreibt.
- Für diesen Anlass entworfene Plakate in den Teeküchen der Geschäftsstellen verweisen auf den neuen Kundenfokus. Auch sie präsentieren die URL der Intranetseite.
- Um den Mitarbeitern die Möglichkeit zu geben, ihre Meinungen und Ideen in den Prozess einzubringen, plant die Abteilung Interne Kommunikation eine Diskussionsrunde mit der Geschäftsführung. Hierfür folgt eine Einladung per E-Mail an alle Kollegen.

- Da nicht alle Mitarbeiter in der Lage sind, persönlich an der Diskussionsrunde teilzunehmen, haben sie im Vorfeld die Möglichkeit, per E-Mail und SMS Fragen und Anregungen an die Organisatoren zu senden. Der Diskussionsrunde können sie dann per Video-Live-Schaltung beiwohnen.
- Direkt im Anschluss an die Veranstaltung erscheint ein kurzer Beitrag im Intranet, der die wichtigsten Ergebnisse und eine Zusammenfassung der Diskussion in einem kurzen Video enthält.
- In der nächsten Mitarbeiterzeitung gibt es einen ausführlichen Bericht dazu mit Zitaten der Teilnehmer und Fotos zum Nachlesen.

Zusammenfassung

Die Unternehmenskommunikation umfasst alle Kommunikationsprozesse innerhalb eines Unternehmens sowie solche, die von dem Unternehmen ausgehen. Sie wird in drei Handlungsfelder mit je eigenen Zielen, Zielgruppen und Instrumenten unterteilt: die interne Kommunikation, die Marktkommunikation und Public Relations. Alle drei Teilbereiche sollten auf eine gemeinsame, übergeordnete Kommunikationsstrategie einzahlen, um nach innen sowie nach außen glaubwürdig zu wirken.

Unternehmenskommunikation ist kein Selbstzweck, sondern Auftragskommunikation. Aus diesem Grund sollte sie immer auf die wirtschaftlichen, gesellschaftlichen und finanziellen Ziele des Unternehmens ausgerichtet sein. Der Nutzen der Unternehmenskommunikation leitet sich aus der natürlichen Funktion von Unternehmen als soziale Konstrukte ab. Sie stehen in einem ständigen Aushandlungsprozess mit ihrer Umwelt. Unternehmenskommunikation gestaltet diesen Prozess maßgeblich.

Unternehmenskommunikation unterscheidet zwischen thematisch geleiteten Stakeholdern und strategisch definierten Zielgruppen. Zur Kommunikation mit den Stakeholdern stehen der Unternehmenskommunikation zahlreiche Kommunikationsmedien zur Verfügung. Diese besitzen unterschiedliche Eigenschaften und können für unterschiedliche Zwecke eingesetzt werden.

Aufgaben zur Selbstüberprüfung

AUFGABE 1.1

Wie kommunizieren Sie komplexe Themen und wie Routineinformationen?

AUFGABE 1.2

Warum gibt es nach Pross' Logik keine quartären, quintären, sextären usw. Medien?

AUFGABE 1.3

Was sind Stakeholder? Was sind Zielgruppen? Grenzen Sie beides voneinander ab.

AUFGABE 1.4

Sie erhalten von Ihrem Chef den Auftrag, ein neues Gesundheitsangebot speziell für Senioren ab 65 Jahren zu bewerben. Überlegen Sie sich, über welche Medien sie diese Zielgruppe erreichen können und wie die Inhalte aufbereitet sein sollten.

2 Interne Unternehmenskommunikation: Mitarbeiter in die Organisation integrieren und motivieren

Nachdem Sie das Kapitel bearbeitet haben, können Sie die Ziele, Aufgaben und Instrumente der internen Kommunikation benennen. Sie können die Bedeutung der internen Kommunikation für den Arbeitsalltag einschätzen. Sie sind in der Lage, Defizite in der internen Kommunikation Ihrer Organisation wahrzunehmen, zielgruppengerechte Maßnahmen zu definieren und abzuwägen sowie deren zielgerichtete Umsetzung zu koordinieren.

Die Mitarbeiter eines Unternehmens können sein bestes Aushängeschild sein. Wenn sie motiviert sind, kompetent auftreten und erkennbar engagiert ihre Arbeit wahrnehmen, können sie der ausschlaggebende Grund dafür sein, dass Kunden immer wieder zu diesem Unternehmen zurückkehren. Die Mitarbeiter können aber auch zum größten „Gegner" des Unternehmens werden, wenn sie den Kunden das Gefühl vermitteln, nicht ernst genommen oder nur unzureichend betreut zu werden.

Im Gesundheitsmarkt setzte sich diese Erkenntnis erst sehr langsam durch: Viele Gesundheitseinrichtungen haben erst um das Jahr 2010 verstanden, dass professionelle Kommunikation nicht nur relevant für große Unternehmen ist, sondern dass sich auch kleinere Institutionen mit dieser Disziplin auseinandersetzen sollten (vgl. Hoffmann, 2016, S. 13).

Dabei ist Mitarbeitergewinnung und -bindung für einzelne Gesundheitseinrichtungen sowie für die Gesundheitsbranche im Allgemeinen wichtiger denn je zuvor. Der Personalmangel im deutschen Gesundheitsbereich ist eklatant: Bereits heute fehlen 100.000 Pflegekräfte in deutschen Krankenhäusern und Pflegeeinrichtungen. Immer weniger Berufsanfänger entscheiden sich aufgrund der hohen Arbeitsbelastung bei geringer Bezahlung für eine Karriere im Gesundheitswesen. Schon heute äußert sich die prekäre Lage in einem akuten Mangel in der Qualität der Pflege. Einer Analyse des Bundesinstituts für Berufsbildung (BIBB) zufolge wird sich diese noch weiter zuspitzen: Schaffen es Politik und Gesundheitsorganisationen nicht, das Berufsfeld in den nächsten Jahren attraktiver zu gestalten, werden bis zum Jahr 2035 rund 270.000 Mitarbeiter im Pflege- und Gesundheitssektor fehlen (vgl. BIBB, 2017). Nur durch Kommunikation können die aktuellen Defizite zwar nicht behoben werden, sie kann jedoch erheblich zur Wertschätzung und zum Wohlbefinden der Mitarbeiter beitragen.

Entsprechend der späten Wahrnehmung der Bedeutung interner Kommunikation für Gesundheitseinrichtungen liegen die Aktivitäten gegenüber denen in anderen Branchen noch weit zurück. Häufig sind die Kommunikationsabteilungen in Gesundheitsorganisationen nur dünn besetzt und ein einziger Kommunikationsmanager ist sowohl für die interne als auch für die externe Kommunikation verantwortlich (vgl. Hoffmann, 2016, S. 20). Aus diesem Grund werden sich einige der im Folgenden vorgestellten Szenen und Beispiele für Praktiker noch wie Zukunftsmusik anhören. Doch die Bedeutung der Kommunikation wird in der Gesundheitsbranche in den kommenden Jahren weiter zunehmen (vgl. Hoffmann, 2016, S. 7).

2.1 Definition interne Unternehmenskommunikation

Schon bei einem ersten Blick in das Feld der **internen Kommunikation** fällt schnell die Vielzahl von Begriffen auf, die in diesem Praxisfeld verwendet werden: Interne (Unternehmens-)Kommunikation, interne Public Relations, Mitarbeiterkommunikation und Mitarbeiterinformation sind nur einige Beispiele (vgl. Einwiller et al., 2008, S. 217). Ihrer Verwendung liegt ein unterschiedliches Verständnis der Aufgaben und der Rolle interner Kommunikation zugrunde.

Vor allem die Bezeichnung „Mitarbeiterinformation“ weist auf ein einseitiges, abwärtsgerichtetes Verständnis im Umgang mit Mitarbeitern hin, das bis in die 1990er-Jahre weit verbreitet war und heute noch in zahlreichen Gesundheitsorganisationen gelebt wird. Kommunikative Aktivitäten beschränken sich auf die Herausgabe einer Mitarbeiterzeitung und die Organisation von Mitarbeiterfeiern (vgl. Mast, 2000, S. 18 f.). Erst in den letzten Jahrzehnten haben Organisationen begonnen, ihre Mitarbeiter als bedeutende Ressource zu begreifen. Mit diesem Umdenken gingen eine kontinuierliche Steigerung der Bedeutung interner Kommunikation sowie die Differenzierung ihrer Aufgaben einher. Heute werden die Mitarbeiter zunehmend in die Kommunikation einbezogen und die interne Kommunikation wird als integraler

Bestandteil der zentralen Kommunikationsfunktion moderner Organisationen verstanden (vgl. Mast, 2014, S. 1126).

In Anlehnung an dieses strategische Verständnis interner Kommunikation, das über das rein operationale, medienbezogene Verständnis früherer Jahre hinausgeht, definiert Mast interne Kommunikation folgendermaßen:

DEFINITION 2.1

„Die interne Unternehmenskommunikation umfasst sämtliche kommunikativen Prozesse, die sich in einem Unternehmen zwischen dessen Mitgliedern abspielen. Interne Kommunikation stellt die Verbindung zwischen den Individuen des Unternehmens her, ermöglicht Interaktion und Koordination und steuert so das Netz ineinander greifender Verhaltensaktivitäten der einzelnen Akteure." (Mast, 2016, S. 263)

Gemäß dieser Definition umfasst interne Kommunikation nicht nur die zielgerichteten, von der Unternehmenskommunikation geplanten Kommunikationswege – beispielsweise den Mitarbeiterbrief –, sondern auch die informelle Kommunikation zwischen Organisationsmitgliedern – z. B. Gespräche in der Teeküche –, welche nicht vom Unternehmen gesteuert werden kann. Dementsprechend können alle Organisationsmitglieder sowohl als Empfänger als auch als Sender interner Kommunikation auftreten. Die Definition berücksichtigt damit sämtliche Richtungen des Informationsflusses (aufwärts, abwärts und horizontal).

2.1.1 Differenzierung der Zielgruppe interner Kommunikation

Wie in Kapitel 1.5 ausführlich erläutert, stellt die konsistente Abstimmung der Themen und Medien mit den Bedürfnissen der Zielgruppe die Grundlage für den Erfolg strategischer Kommunikation dar. Der Definition von interner Kommunikation nach Mast folgend, adressiert die interne Kommunikation alle Mitglieder eines Unternehmens. Bei einem Blick auf die unterschiedlichen Akteure in einer Organisation wird schnell deutlich, dass es sich dabei um viele verschiedene Zielgruppen mit unterschiedlichen Interessen, Bedürfnissen und Wissensständen handelt. In Abhängigkeit vom jeweiligen Kommunikationsziel ist daher eine weitere Differenzierung zur zielgruppenspezifischen Ansprache notwendig (vgl. Schick, 2010, S. 55).

ÜBUNG 2.1

Überlegen Sie, welche Zielgruppen innerhalb Ihrer Organisation existieren. Welche Aufgaben werden von den unterschiedlichen Gruppen bearbeitet und wer muss mit wem regelmäßig dienstlich kommunizieren?

In der Literatur werden die Zielgruppen der internen Kommunikation unterschiedlich geclustert. Zerfaß zählt aus einer organisationstheoretischen Perspektive alle Rollenträger darunter, „die zur arbeitsteiligen Formulierung und Realisierung konkreter Produkt-Markt-Konzepte beitragen" (Zerfaß, 2010, S. 290). Dabei unterscheidet er zwischen verfassungskonstituierenden Organisationsmitgliedern - z. B. Anteilseigner und Mitarbeitervertreter - und Arbeitnehmern als weiteren Organisationsmitgliedern. Zahlreiche Definitionen aus der Praktikerliteratur beziehen sich ausschließlich auf diese „weiteren Organisationsmitglieder" als Zielgruppe der internen Kommunikation im engeren Sinne und betrachten diese genauer. Einwiller et al. (2008, S. 235) zählen darunter alle festen Mitarbeiter, Zeitarbeiter, Freiberufler und Fremdbeschäftigte, die in den Wertschöpfungsprozess eingebunden sind. Buchholz und Knorre (2010, S. 53) ergänzen die Familien der Angestellten sowie ehemalige Mitarbeiter als weitere Zielgruppen außerhalb der Wertschöpfung.

HINWEIS

In diesem Studienbuch wird ausschließlich die Kommunikation mit den Mitarbeitern betrachtet, da diese an die praktische Arbeit der Unternehmenskommunikation anknüpft. Die Kommunikation mit Anteilseignern und Mitarbeitervertretungen wird gerade in kleineren Organisationen meist von der Geschäftsführung direkt übernommen.

Je nach Anlass der Kommunikation können weitere Aspekte zur Strukturierung der Zielgruppen herangezogen werden (vgl. Einwiller et al., 2008, S. 235). Die Zielgruppen lassen sich unterscheiden nach:

- der Funktion im Unternehmen, z. B. Geschäftsführung, Stationsleiter, Mitarbeiter, Auszubildender
- der fachlichen Position, z. B. Mitarbeiter in der Pflege, Sozialarbeiter, Mitarbeiter in Verwaltung und im technischen Bereich
- der Region/dem Standort, z. B. verschiedene Einrichtungen einer Klinikgruppe
- dem unterschiedlichen Zugang zu Medien – z. B. „isolierte" ambulante Pflegekräfte, Produktionsmitarbeiter ohne Computerzugang, Verwaltungsmitarbeiter
- Spezial- und Interessengruppen, etwa Behindertenvertretung, offene Befürworter und Gegner einer Änderung

Diese Liste kann nach Bedarf weitergeführt werden. An dieser Stelle soll lediglich dafür sensibilisiert werden, dass eine einfache Einteilung in Mitarbeiter und Führungskraft nicht immer ausreicht. Welche Dimensionen im konkreten Fall geeignet sind, ist zum einen abhängig vom Organisationsaufbau und zum anderen vom Kommunikationsanlass und sollte jeweils neu von den verantwortlichen Kommunikatoren definiert werden (vgl. Schick, 2010, S. 57).

BEISPIEL 2.1

In einer Klinikgruppe wird ein computergestütztes Zeiterfassungssystem eingeführt. Mit dem System wird die Arbeitszeit der Mitarbeiter automatisiert erfasst; Pausenzeiten, Überstunden und Urlaubstage können direkt von allen Mitarbeitern eingesehen werden. Das System wird zunächst in zwei der insgesamt acht Einrichtungen der Klinikgruppe eingeführt. Wenn es sich dort bewährt, soll es sukzessive in weiteren Einrichtungen der Gruppe installiert werden.

Aufgrund der regionalen Unterscheidung ist in diesem Fall eine Differenzierung nach Standorten sinnvoll. In unserem Beispiel ergeben sich drei Zielgruppen:

1. **akut betroffene Mitarbeiter** an den zwei Standorten, an denen das Zeiterfassungssystem erprobt wird
2. **potenziell betroffene Mitarbeiter** an den Standorten, an denen das Zeiterfassungssystem nach erfolgreichem Test eingeführt wird
3. **nicht betroffene Mitarbeiter** an den Standorten, an denen kein Zeiterfassungssystem benötigt wird

Die Einteilung hilft, um im zweiten Schritt den Informationsbedarf der drei Zielgruppen zu identifizieren. Hierfür ist es notwendig, klar zu definieren, welche Fragen und Bedenken die Mitarbeiter bezüglich der Einführung des Systems haben (könnten). Typische Informationsbedarfe der drei identifizierten Zielgruppen sind:

1. Akut betroffene Mitarbeiter: Was bedeutet das für mich persönlich? Wie wird sich meine Arbeit dadurch ändern? Wie funktioniert das System? Welche Vorteile hat das neue System für mich? Verstärkt sich dadurch die Kontrolle meiner Arbeit? An wen kann ich mich bei Fragen wenden? Wie sicher sind die Daten?

2. Potenziell betroffene Mitarbeiter: Wann muss ich mit der Einführung des Systems rechnen? Wer entscheidet darüber, ob dieses System besser ist als unser bisheriges? Warum wird der Test nicht in meiner Einrichtung durchgeführt? Wann und von wem erhalte ich weitere Informationen?

3. Nicht betroffene Mitarbeiter: Welche Funktionen besitzt dieses Zeiterfassungssystem? Wie unterstützt es den Erfolg unserer Klinikgruppe?

Hinweis: Neben der Unterteilung nach Standorten kann in diesem Beispiel eine weitere Unterteilung nach fachlichen Positionen sinnvoll sein, falls nur bestimmte Fachbereiche mit dem Zeiterfassungssystem arbeiten. So können die Zielgruppen immer weiter konkretisiert werden. Zur besseren Übersicht bietet es sich an, Zielgruppen und Informationsbedarfe tabellarisch zu erfassen.

Im Anschluss an die Analyse der Zielgruppen ist darauf zu achten, dass die unterschiedlichen identifizierten Informationsbedarfe von den Verantwortlichen für die interne Kommunikation adressiert werden. Das Beispiel 2.1 zeigt dabei, dass mit zunehmender Betroffenheit der Mitarbeiter i. d. R. auch die Informationstiefe deutlich zunehmen muss. Für Mitarbeitergruppen, die nicht direkt betroffen sind, genügt eine grundlegende Information, z. B. in der Mitarbeiterzeitung.

ÜBUNG 2.2

Stellen Sie sich vor, in Ihrer Organisation wird ein neues Bewohner- bzw. Patientendokumentationssystem eingeführt. Überlegen Sie sich, nach welchen Dimensionen Sie die Zielgruppen der internen Kommunikation sinnvoll unterscheiden können und welchen Informationsbedarf die einzelnen Zielgruppen haben. Erstellen Sie eine tabellarische Übersicht Ihrer Ergebnisse.

2.1.2 Ziele und Funktionen interner Unternehmenskommunikation

> „Kommunikation ist Voraussetzung für das Funktionieren und die Zielerreichung von Unternehmen, die sich durch schnelles Agieren Wettbewerbsvorteile auf den Märkten sichern wollen." (Mast, 2016, S. 269)

Die Ziele interner Kommunikation leiten sich aus denen der gesamten Unternehmenskommunikation ab und sind stets auf den Erfolg des Unternehmens und die Unternehmensstrategie ausgerichtet (vgl. Kapitel 1.1). In der Definition interner Kommunikation nach Mast (vgl. Kapitel 2.1) sind drei wesentliche Ziele interner Kommunikation verankert:

- Vernetzung der Individuen innerhalb des Unternehmens, z. B. Schaffen eines Gemeinschaftsgefühls durch die Organisation eines Sommerfests
- Ermöglichung von Interaktion und Koordination, z. B. durch die Bereitstellung eines Corporate Messengers (Chat) zur effizienten Absprache von Arbeitsaufgaben

- Steuerung des Verhaltens der einzelnen Akteure (im Sinne der Unternehmensziele), z. B. durch die Organisation und Unterstützung von Teammeetings zur Einübung neuer Verhaltensweisen

Darüber hinaus sind in der Literatur zahlreiche weitere Ziele wie Aufbau von Vertrauen, Identifikation mit der Organisation und Schaffen von Zufriedenheit zu finden, die teils nicht trennscharf sind (vgl. Mast, 2016; Einwiller et al., 2008; Oelert, 2008). Zur besseren Systematisierung der Ziele interner Kommunikation hat Mast drei Funktionen interner Kommunikation definiert (vgl. Mast, 2014, S. 1132):

1. **Information:** Unidirektionale Mitteilungen über Aufgaben und aktuelle Geschehnisse sind die Grundlage dafür, dass Mitarbeiter richtig handeln können und den Sinn ihrer Arbeit verstehen (vgl. Oelert, 2008, S. 82). Die Herausforderung dabei ist, „den Mitarbeitern die richtigen Informationen zur richtigen Zeit, am richtigen Ort und angemessen aufbereitet zur Verfügung zu stellen" (Mast, 2014, S. 1132). Die asymmetrische Abwärtsinformation berücksichtigt allerdings nicht die Kommunikationsbedürfnisse der Mitarbeiter (vgl. Einwiller et al., 2008, S. 223).

2. **Aktivierung:** Mitarbeiter verinnerlichen Informationen besser, wenn sie in einem komplexen Prozess gewonnen und gemeinsam erarbeitet werden (vgl. Mast, 2014, S. 1132). Aufgabe der internen Kommunikation ist es daher, den Mitarbeitern eine aktive Rolle im Kommunikationsprozess zuzuweisen und den Dialog zu fördern (vgl. Einwiller et al., 2008, S. 226). Nur so können die Arbeit und das Wissen der einzelnen Akteure zusammengeführt und zur Problemlösung eingesetzt werden (vgl. Oelert, 2008, S. 83). Die Partizipation der Organisationsmitglieder stellt zudem eine entscheidende Voraussetzung für deren Commitment dar (vgl. Quirke, 2008, S. 237).

3. **Commitment:** Ein Unternehmen entsteht, wenn sich verschiedene Akteure zusammenfinden und eine gemeinsame Vision oder Strategie verfolgen (vgl. Zerfaß, 2014, S. 45). Interne Kommunikation trägt zur Entwicklung dieser gemeinsamen Vision, der Aushandlung eines gemeinsamen Handlungsrahmens und der Vermittlung gemeinsamer Werte bei. Das so entstehende Gemeinschaftsgefühl unter den Mitarbeitern führt zur Steigerung der Arbeitsmotivation des Einzelnen (vgl. Mast, 2014, S. 1132).

Alle drei Funktionen können in unterschiedlicher Intensität auf die folgenden zwei Zielkategorien interner Kommunikation einzahlen (vgl. Schneider et al., 2014, S. 452):

- **organisationsorientierte Ziele:** Organisationen sind arbeitsteilige Systeme. Interne Kommunikation stellt eine Verbindung zwischen den Akteuren dieser Systeme her (vgl. Mast, 2016 S. 223 f.). Sie dient der Interaktion sowie Koordination von Handlungen, damit die Organisation funktioniert und ihre Ziele erreichen kann (vgl. Oelert, 2008, S. 80). Durch die Kommunikation werden u. a. Rollenerwartungen, Verfahrensrichtlinien und Leitbilder als integrationsfördernde Strukturen geschaffen (vgl. Zerfaß, 2014, S. 46). Nach diesem Verständnis leistet interne Kommunikation einen Beitrag zur Aufgabendefinition und -erfüllung in zielorientierten Organisationseinheiten (vgl. Zerfaß, 2010, S. 287; vgl. Kapitel 1.4).
- **mitarbeiterorientierte Ziele:** Über die direkte Wirkung auf das operative Geschäft hinaus konzentriert sich interne Kommunikation auch auf den einzelnen Mitarbeiter mit seinen Bedürfnissen. Mitarbeiterorientierte Kommunikationsziele zielen darauf ab, die Bindung der Mitarbeiter an das Unternehmen langfristig zu stärken und soziale Bedürfnisse zu befriedigen, was zur Leistungssteigerung führt (vgl. Zerfaß, 2014, S. 27).

Trotz der wachsenden Bedeutung des dialogischen Austauschs nehmen die unidirektionale Mitteilung sowie die mit ihr verbundene traditionelle Abwärtskommunikation weiterhin eine zentrale Rolle ein. Aufgrund der steigenden Komplexität und Volatilität in der Umwelt muss die interne Kommunikation weiterhin mittels eindeutiger Botschaften für Aufklärung, Einordnung und Transparenz Sorge tragen (vgl. Buchholz; Knorre, 2010, S. 96 f.).

2.1.3 Medien der internen Unternehmenskommunikation

Eine Kernaufgabe der internen Kommunikation ist es, die richtigen Informationen zur richtigen Zeit an die richtigen Personen fließen zu lassen (vgl. Kapitel 2.1.2). Die Kommunikatoren stehen damit vor der zentralen Herausforderung, geeignete und leistungsfähige Kommunikationswege für die unterschiedlichen Themen zu entwickeln und zu etablieren. Dafür können sie aus einer in Tabelle 2.1 dargestellten breiten Palette von Kommunikationskanälen wählen (vgl. Schneider et al., 2014, S. 450).

Tab. 2.1: Medien und Kanäle der internen Kommunikation (vgl. Mast, 2014, S. 1135)

gedruckte Medien	formalisierte persönliche Kommunikation	elektronische Medien
■ Mitarbeiterzeitschrift ■ Broschüren und Berichte ■ Schwarzes Brett ■ Rundschreiben	■ Besprechungen ■ Versammlungen ■ Townhall-Meetings ■ Roadshows	■ E-Mail-Aktionen ■ Newsletter ■ Informationen im Intranet ■ Onlinemagazine ■ Corporate TV ■ Videoansprachen
informelle persönliche Kommunikation		

Die **digitalen Online-Medien** haben sich in den vergangenen Jahren aufgrund ihrer Eigenschaften als sehr effektiv bei der Unterstützung einer flexiblen und schnellen Zusammenarbeit erwiesen. Daher ist es wenig überraschend, dass das **Intranet** innerhalb weniger Jahre zu einem zentralen internen Kommunikationskanal geworden ist. Über die Eigenschaften klassischer Medien hinaus bietet es die Möglichkeit der Netzwerkkommunikation zur Verbindung von Unternehmensmitgliedern aus unterschiedlichen Bereichen und Hierarchieebenen. Zusammen mit der traditionellen Mitarbeiterzeitschrift und persönlicher Kommunikation bildet das Intranet heute in vielen Unternehmen die Basis des internen Medienportfolios (vgl. Mast, 2014, S. 1135 f.).

Da die Mehrheit der Mitarbeiter in Organisationen aber keinen permanenten Computerzugang hat, geht der Trend in der internen Kommunikation immer stärker in Richtung **mobile Kommunikation** (vgl. Klugert, 2007, S. 48). Smartphones und Tablets haben sich zum primären Zugang zu den Mitarbeitern entwickelt, womit auch das mobile Intranet zu einem immer wichtigeren Kanal sowohl für die zentral gesteuerte interne Kommunikation als auch für die Zusammenarbeit geworden ist (vgl. Weitekamp, 2015).

> Das Intranet dient als technische Plattform zur Bereitstellung sämtlicher gedruckter Dokumente und tagesaktueller Informationen sowie als ein wesentlicher Kanal der persönlichen Kommunikation zwischen den Mitarbeitern.

Trotz der neuen Möglichkeiten digitaler Kommunikationstechnologie spielen **Druckmedien** in vielen Unternehmen nach wie vor eine wichtige Rolle. Ein Grund dafür sind die immensen Kosten für die Entwicklung und Implementierung digitaler Plattformen. Außerdem erzeugen aufwendig gestaltete, gedruckte Informationen nach wie vor das Gefühl von Verbindlichkeit. Im Zusammenspiel mit den digitalen Medien verlagert sich die Aufgabe der Druckmedien aber immer mehr von der aktuellen Information hin zur Vermittlung von Hintergründen und Zusammenhängen sowie zur Bewertung und Analyse von komplexen Themen (vgl. Mast, 2014, S. 1136).

Unter den elektronischen Medien erfreuen sich derzeit Videos großer Beliebtheit. Während das professionelle Unternehmensfernsehen nach wie vor nur in wenigen großen Unternehmen vorzufinden ist, greifen immer mehr kleine Organisationen zur einfachen Handkamera und dokumentieren Geschehnisse oder nutzen das Medium für Anleitungen. Bereitgestellt im Intranet ragen kurze Interviews mit der Geschäftsführung oder Videozusammenschnitte des letzten Sommerfests aus der schriftlichen Informationsflut heraus und werden von den Mitarbeitern positiv wahrgenommen (vgl. Mast, 2014, S. 1135).

Schließlich ist die formalisierte Form der **persönlichen Kommunikation** sehr wirkungsvoll, um wichtige Themen in den Arbeitskontexten zu verankern. Im Idealfall werden die relevanten Botschaften über eine Informationskaskade Hierarchiestufe für Hierarchiestufe in persönlichen Gesprächen weitergetragen. Entscheidend ist, die Sprecher so auszuwählen und auf ihre Rollen als Kommunikatoren vorzubereiten, dass ein Thema durchgängig kompetent, glaubwürdig und authentisch kommuniziert wird (vgl. Mast, 2014, S. 1130).

ÜBUNG 2.3

Erstellen Sie eine Übersicht der internen Kommunikationsmedien, die aktuell in Ihrer Organisation genutzt werden. Ordnen Sie die Kanäle den drei Kommunikationsformen Face-to-Face, Print und elektronische Medien zu.

2.2 Aufgabenfelder der internen Unternehmenskommunikation

Nachdem das vorangegangene Kapitel 2.1 die Grundlagen der internen Kommunikation zusammengefasst hat, sollen im Folgenden drei konkrete Aufgabenfelder der internen Kommunikation genauer beleuchtet werden.

Das Employer Branding (vgl. Kapitel 2.2.1) und das Wissensmanagement (vgl. Kapitel 2.2.2) stellen aktuelle Herausforderungen der internen Kommunikation dar, die derzeit auf Fachtagungen und in der Praktikerliteratur diskutiert werden. Veränderungsprozesse (vgl. Kapitel 2.2.3) sind spezielle Situationen, mit denen sich Organisationen in immer kürzeren Abständen konfrontiert sehen und deren erfolgreicher Ausgang im Besonderen von der Leistung der internen Kommunikation abhängt.

2.2.1 Employer Branding: Mitarbeiter gewinnen und binden

Der demografische Wandel ist nicht nur durch den steigenden Pflegebedarf erkennbar (vgl. Kernke, 2016, S. 6). Er spiegelt sich auch im Rückgang der Zahl von Menschen im erwerbsfähigen Alter wider (vgl. Mrozek, 2009, S. 17). Unternehmen im Gesundheitssektor geraten daher bei der Suche nach Mitarbeitern gleich aus zwei Gründen unter Druck.

Erschwerend kommt hinzu, dass die auf dem Markt verfügbaren Arbeitskräfte häufig nicht über die in den Gesundheitseinrichtungen benötigten Qualifikationen verfügen (vgl. Baran, 2018, S. 11). Qualifizierte Mitarbeiter und Führungskräfte sind eine knappe Ressource geworden, um die Organisationen konkurrieren müssen (vgl. Kernke, 2016, S. 6). Aufgrund des akuten Personalmangels in der Pflege nimmt der Wettbewerb um Mitarbeiter sogar überregionalen bzw. globalen Charakter an. Immer häufiger ist die Rede von einem *war for talents*. Vor allem in der Öffentlichkeit wenig bekannte Unternehmen und solche, die keinen attraktiven Standort haben, sind nicht länger in der Position, sich den idealen Bewerber aussuchen zu können. Stattdessen müssen die Unternehmen um Fach- und Führungskräfte werben (vgl. Mrozek, 2009, S. 22).

Um die Aufmerksamkeit auf sich zu ziehen, müssen Organisationen sich klar profilieren und potenziellen Bewerbern Argumente liefern, warum diese sich bei ihnen - und nicht bei der Konkurrenz - bewerben sollten. Das Ergreifen gezielter Maßnahmen zur Steigerung der Bekanntheit und zum Aufbau einer attraktiven Arbeitgebermarke wird **Employer Branding** genannt und hat in der Gesundheitsbranche stark an Bedeutung gewonnen (vgl. Kernke, 2016, S. 6). Indem Organisationen sich nach innen und außen als attraktive Arbeitgeber positionieren, heben sie sich von der Konkurrenz ab und sichern sich damit einen entscheidenden Wettbewerbsvorteil (vgl. Mrozek, 2009, S. 24).

Gerade unter Krankenhäusern und Arztpraxen ist eine unverwechselbare Positionierung schwierig, da alle über einen allgemeinen Versorgungsauftrag verfügen und ähnliche Leistungen erbringen. In einem solchen Fall kommt es darauf an, ein Thema zu finden, mit dem diese Einrichtungen sich strategisch positionieren und sich auf diese Weise von der Konkurrenz abheben können (vgl. Hoffmann, 2016, S. 25). Solche strategischen Themen können sein:

- Sicherheit und Qualität
- Familienfreundlichkeit
- besonderer Patientenfokus

Es gibt jedoch nur wenige Häuser, die diesen Aspekt auch kommunikativ besetzen.

HINWEIS

Für eine ausführliche Auseinandersetzung mit Employer Branding im Gesundheitswesen wird der folgende Sammelband empfohlen:

Camphausen, M. (2019). *Employer Branding im Gesundheitswesen*. Stuttgart: Kohlhammer.

Die Grundlage für die Identifikation eines strategischen Themas liefert ein Strategieprozess, der durch ein Projektteam aus Kommunikatoren, Personalabteilung und Geschäftsführung angestoßen wird, um interne Stärken und Schwächen sowie die Aktivitäten der Konkurrenz zu beleuchten (vgl. Hoffmann, 2016, S. 26). Sobald das Team ein Thema identifizieren kann, das es mit seiner Einrichtung besetzen möchte, muss dieses kontinuierlich mittels Kommunikation und symbolischer Handlungen hervorgehoben werden. Employer Branding verfolgt dabei zwei Ziele:

- **neue Mitarbeiter anziehen:** Vordergründig sollen durch die Entwicklung einer starken Arbeitgebermarke neue Mitarbeiter angezogen werden, die nicht nur über die geforderten Qualifikationen verfügen, sondern auch zur Unternehmenskultur passen (vgl. Kernke, 2016, S. 6).

  „Da es kaum möglich ist, mit einer Arbeitgebermarke auf alle potenziellen Arbeitnehmer attraktiv zu wirken, muss das Unternehmen festlegen, wen es mit der Arbeitgebermarke ansprechen möchte." (Mrozek, 2009, S. 40)

  Entsprechend ist für ein erfolgreiches Employer Branding eine Definition der anzusprechenden potenziellen Arbeitnehmer notwendig, damit die Unternehmenskommunikation im Anschluss geeignete Kanäle zur Ansprache potenzieller Arbeitnehmer identifizieren kann (vgl. Baran, 2018, S. 18).

- **Mitarbeiterzufriedenheit und -bindung steigern:** Dahinter steht ein zweites, langfristiges Ziel: die Steigerung der Mitarbeiterzufriedenheit, die wiederum zu einer höheren Mitarbeiterbindung und damit zur Senkung der Fluktuation beiträgt (vgl. Mast, 2016, S. 267). Nur wenn die aktuellen Mitarbeiter mit ihrer Arbeitsstelle zufrieden sind, kann sich eine Organisation auch nach außen als attraktiver Arbeitgeber präsentieren. Andernfalls bemerken Bewerber - bewusst oder unbewusst - Widersprüche zwischen dem, was das Unternehmen verspricht, und dem, was sie beim Bewerbungsgespräch, in Unterhaltungen mit aktuellen Mitarbeitern oder bei einer Onlinerecherche herausfinden. Oder die durch das Employer Branding aufgebaute Erwartungshaltung kann nach Arbeitsbeginn nicht eingehalten werden und der neue Mitarbeiter verlässt das Unternehmen nach kurzer Zeit wieder.

> „Die positiven Eigenschaften, die die Mitarbeiter mit dem Unternehmen verbinden, bilden [dabei die, Anm. d. Verf.] Grundlage für die spätere Arbeitgebermarke." (Mrozek, 2009, S. 33)

Im Sinne eines glaubwürdigen Employer Brandings muss das Unternehmen sicherstellen, dass es die versprochenen Werte und Vorteile auch kontinuierlich erfüllen kann.

ÜBUNG 2.4

Denken Sie an die Organisation, in der Sie derzeit arbeiten, oder an eine, in der Sie schon gearbeitet haben. Wie schätzen Sie die Attraktivität der Organisation für Bewerber ein? Wie einfach ist es, für offene Stellen geeignete Bewerber zu finden?

Für aktuelle sowie für potenzielle Mitarbeiter stellen neben dem Gehalt vor allem Arbeitsinhalte und -bedingungen, Möglichkeiten der Übernahme von Verantwortung, eine gute Work-Life-Balance sowie persönliche Entwicklungschancen und der Erhalt von Zusatzleistungen entscheidende Kriterien dar (vgl. Baran, 2018, S. 16; Kernke, 2016, S. 6). Viele dieser Kriterien liegen nicht im Entscheidungsbereich der internen Kommunikation, sondern sind Aufgaben des Personalmanagements und der Geschäftsführung. Die Aufgabe der internen Kommunikation sollte daher sein, die Entwicklung einer Arbeitgebermarke durch ihr Wissen über die Bedürfnisse der Zielgruppen zu unterstützen und den Prozess kommunikativ zu begleiten (vgl. Friers; Camphausen, 2014).

HINWEIS

Ein gutes Beispiel für erfolgreiches Employer Branding im Kliniksektor ist die Kampagne „Teamgeist erleben Rotkreuz-Kliniken in Frankfurt am Main". Informationen zur Kampagne finden Sie unter folgendem Link: http://www.aon.media/mrucy3 (01.07.2019)

Die Kampagne wurde mit mehreren Preisen ausgezeichnet. Die Projektleiter Marion Friers und Martin Camphausen haben ihre Erfahrungen und Erkenntnisse in mehreren Aufsätzen und Gastbeiträgen erläutert.

2.2.2 Wissensmanagement im Unternehmen

Das Wissen einer Organisation setzt sich aus dem Wissen seiner Mitarbeiter zusammen und ist von größter Bedeutung für den Unternehmenserfolg, weil es einen kaum imitierbaren Wettbewerbsvorteil darstellen kann. Um das vorhandene Wissen - z. B. über Prozesse, langjährig gesammelte Erfahrungen und Kontextwissen - bestmöglich ausschöpfen zu können, ist es notwendig, es zu bündeln, dauerhaft zu dokumentieren und allen Mitarbeitern zugänglich zu machen. Je besser das individuelle Wissen jedes Einzelnen dokumentiert ist, desto besser können Entscheidungen getroffen werden und desto geringer ist der Wissensverlust, wenn ein Mitarbeiter längerfristig ausfällt oder die Organisation verlässt (vgl. Schick, 2010, S. 89).

> „Bei der Bewältigung von Aufgaben greifen Menschen auf Wissen zurück, das ihnen hilft, Situationen und Probleme einzuordnen sowie diese zielgerichtet zu verändern. Das Wissen der Mitarbeiter in einer Organisation ist eine wichtige Ressource und Voraussetzung, sowohl für komplexe Entscheidungen als auch bei Routinetätigkeiten." (Schneider et al., 2014, S. 459 f.)

Schick (2010, S. 89) empfiehlt zur Professionalisierung des organisatorischen Lernprozesses, diesen in die formelle Kommunikation der Organisation zu integrieren. Ziel ist es, das Wissen kontinuierlich zu erfassen und zu dokumentieren sowie den gezielten Austausch von Informationen für die Arbeit sicherzustellen. Damit die Mitarbeiter tatsächlich auf das Wissen der Organisation zurückgreifen und ihr eigenes Wissen teilen, verweist Schick des Weiteren auf eine möglichst pragmatische Umsetzung des Wissensmanagements. Der Aufwand für den Mitarbeiter darf hier niemals den Nutzen überschreiten. Zum **Aufbau eines professionellen Wissensmanagements** sind zwei Schritte wichtig:

1. **Schritt – Wissensgrundlage aufbauen:** Zunächst ist es notwendig, eine strukturierte Wissensgrundlage aufzubauen. Alle relevanten Informationen z. B. zu Kontaktpersonen und Experten, zum Vorgehen bei Notfällen oder der Zugang zu Arbeitsmaterialien sollten möglichst prägnant und nutzenorientiert erfasst und als flexible Wissensbausteine dargestellt werden (vgl. Schick, 2010, S. 90).
   - Dafür eignen sich besonders IT-gestützte Wissensdatenbanken, z. B. Wikis. Mithilfe eines Unternehmens-Wikis können auch Organisationen unter Mitwirken aller Organisationsmitglieder Wissen systematisch sammeln. Die Online-Enzyklopädien erlauben „das parallele Arbeiten mehrerer Nutzer am selben Inhalt" (Schneider et al., 2014, S. 460), wodurch das organisationale Wissen permanent konkretisiert und erweitert wird. In der Regel können Wikis ohne großen Aufwand in das Intranet integriert werden, wo sie schnell zu einer der meistgenutzten Funktionen werden.
   - Weniger geeignet sind aufwendig gestaltete und gedruckte Wissenssammlungen wie Handbücher. Zu schnell sind Informationen veraltet und überholt. Auch trotz kontinuierlicher Aktualisierung der Inhalte ist die Gefahr groß, dass schon nach kurzer Zeit unterschiedliche Versionen des Handbuchs in der Organisation im Umlauf sind.
2. **Schritt – kontinuierliche Erweiterung und Austausch individuellen Wissens:** Das Teilen und der Austausch von Wissen unter Kollegen sind in der Organisationspraxis oft nicht selbstverständlich. Häufig fehlt es dem einzelnen Akteur an Kenntnissen und Verständnis für den Informationsbedarf seiner Kollegen. Dies führt oftmals zu einer Fehleinschätzung der Relevanz des eigenen Wissens für andere (vgl. Schick, 2010, S. 92). Zudem ist Wissen immer verbunden mit Macht. Das Teilen von Wissen geht damit mit einer Schwächung der eigenen Machtposition einher (vgl. Mast, 2014, S. 1127).

In zahlreichen Organisationen haben sich sogenannte **Wissenscommunities** (Wissensgemeinschaften) als geeignetes Format für eine erfolgreiche Zusammenarbeit erwiesen. Eine Wissenscommunity bezeichnet den Zusammenschluss von Organisationsmitgliedern, die an ähnlichen Themen arbeiten oder über ähnliche Ressourcen verfügen und ihre Erfahrungen zu einer bestimmten Fragestellung austauschen (vgl. Schneider et al., 2014, S. 460). Solche Communities können auch virtuell im Intranet - z. B. in Foren oder geschlossenen Gruppen - initiiert werden. Die Praxis hat jedoch gezeigt, dass virtuelle Communities häufig nur dann funktionieren, wenn eine reale Beziehung zwischen den Mitgliedern besteht, sie also in regelmäßigen Abständen in der realen Welt interagieren (vgl. Schick, 2010, S. 92).

2.2.3 Veränderungen intern kommunizieren

Friers und Camphausen (2014) betonen in einem Artikel zur Rolle der Unternehmenskommunikation in Krankenhäusern die zentrale Bedeutung des **Veränderungsmanagements** für die Gesundheitsbranche. Aufgrund der starken Regulierung und der steigenden Qualitätsanforderungen für die Patientenversorgung sei der Reformdruck für Gesundheitsorganisationen so groß geworden, dass in den kommenden Jahren verschiedene Prozesse zur Produktivitätssteigerung und Ressourceneffizienz erfolgen werden.

Wie verschiedene Studien zeigen, stellen Veränderungen wie Fusionen, Restrukturierungsmaßnahmen und strategische Neuausrichtungen eine große Herausforderung für Organisationen und jeden einzelnen Mitarbeiter dar. Dahl (2010) fand in einer Untersuchung des Einflusses organisationalen Wandels auf die mentale Gesundheit von Mitarbeitern heraus, dass Mitarbeiter in Veränderungssituationen mehr Stress verspüren und häufiger depressiv sind. Die deutschsprachige Studie „Vertrauensorientiertes Changemanagement" (Kriegesmann et al., 2010) untersuchte die Folgen organisationalen Wandels für das Unternehmen. Demnach sind sinkendes Vertrauen der Mitarbeiter in die Organisation und steigende Fluktuation häufige Folgen von Veränderungen, welche die Produktivität des Unternehmens negativ beeinflussen.

Veränderungen rufen bei Betroffenen Emotionen und Widerstände hervor, die bis zur Angst vor Jobverlust oder zur inneren Kündigung reichen (vgl. Schick, 2010, S. 102). Der internen Kommunikation kommt daher die zentrale Aufgabe zu, Orientierung und Vertrauen zu stiften, auf die Bedürfnisse der Mitarbeiter einzugehen und somit zur erfolgreichen Umsetzung der Veränderungen beizutragen (vgl. Schick,

2010, S. 99). Im Vordergrund steht die positive Verhaltens- und Einstellungsänderung der Organisationsmitglieder. Um Wandelbereitschaft zu erzeugen, ist es erforderlich, Verständnis und Akzeptanz für die Veränderung zu generieren und Widerstände zu reduzieren (vgl. Mast, 2016, S. 407).

> Organisationen sollten transparent und offen mit Veränderungen umgehen und so früh wie möglich alle Beteiligten einbeziehen.

Häufige Kommunikationsfehler, die im Veränderungsprozess gemacht werden und so zum Aufbau von Gerüchten und Widerstand führen, sind eine „diffuse bis fehlende Strategie, keine zielgruppengerechte Kommunikation, mangelhafte organisatorische Abläufe und Strukturen, unzulängliche Kommunikation der Führungskräfte und fehlende Berücksichtigung kultureller Besonderheiten" (Mast, 2014, S. 1132). Um diese Defizite zu vermeiden, empfiehlt Pfannenberg (2013) die strikte Ausrichtung der Veränderungskommunikation am organisatorischen Veränderungsprozess.

Phasen der Veränderung und Aufgaben der internen Kommunikation

In der wissenschaftlichen Literatur findet sich eine Vielzahl von Stufenmodellen zur analytischen Darstellung komplexer Veränderungsprozesse. Die meisten Modelle betrachten den Veränderungsprozess aus Sicht der Mitarbeiter. Sie beschreiben eine stufenweise Veränderung von Wahrnehmung, Verständnis und schließlich Verhalten (vgl. Schick, 2010, S. 102; vgl. Buchholz; Knorre, 2010, S. 103).

Ein Modell, das die Aufgaben der Unternehmenskommunikation in den Mittelpunkt der Betrachtung rückt, ist das **Phasenmodell der Veränderungskommunikation** nach Pfannenberg (vgl. Pfannenberg, 2013, S. 23 ff.). Es stellt eine Erweiterung der acht Phasen des Veränderungsprozesses nach John P. Kotter aus dem Jahr 1996 dar. Pfannenberg ergänzte Kotters Betrachtung um strategische Aufgaben des Kommunikationsmanagements zur Unterstützung der Unternehmensführung bei der Realisierung organisatorischen Wandels. Das Modell wird in Abb. 2.1 dargestellt.

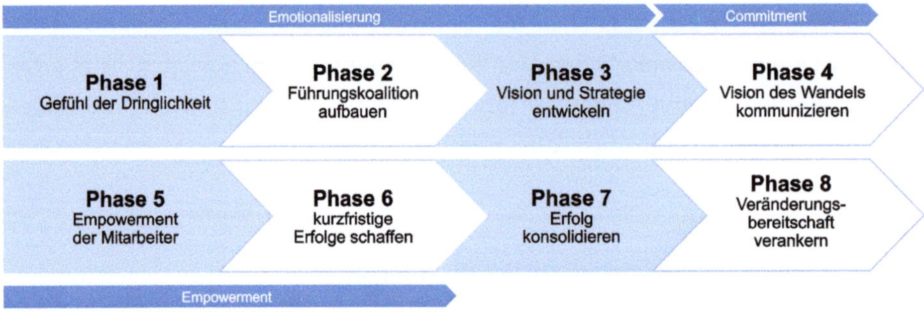

Abb. 2.1: Acht Phasen der organisationalen Veränderung von Kotter (vgl. Pfannenberg, 2014, S. 12)

Die von Pfannenberg identifizierten Aufgaben, Herausforderungen und Maßnahmen interner Kommunikation werden in Tabelle 2.2 knapp vorgestellt.

Tab. 2.2: Phasen und Aufgaben der Veränderungskommunikation (vgl. Pfannenberg, 2013)

Phase	Kommunikationsaufgabe	typische Kommunikationsmaßnahmen
1. Gefühl der Dringlichkeit erzeugen	▪ Informationsgewinnung im Unternehmen ▪ Darstellung des Risikos der Nichtveränderung	▪ Managementbriefe, Kommentare der Geschäftsleitung in Mitarbeiterzeitschrift
2. Führungskoalition aufbauen	▪ Identifizieren von Schlüsselpersonen ▪ Veranstaltungen für Teambuilding und -motivation durchführen	▪ Workshops, Motivation-Camps ▪ Teambuilding-Veranstaltungen des Topmanagements
3. Vision und Strategie entwickeln	▪ Stakeholder einbeziehen ▪ Mitarbeit bei der Entwicklung der Vision und Strategie ▪ Aufbau und Beginn der Projektkommunikation	▪ Workshops, Klausurtagungen ▪ Themenblog zur Strategiefindung ▪ Berichte und Interviews zum Projektstart in allen Mitarbeitermedien
4. Vision des Wandels kommunizieren	▪ Foren für Interaktion bereitstellen ▪ Unterstützung der Unternehmensführung ▪ Start des prozessbegleitenden Monitorings	▪ Werbekampagne und Give-aways ▪ Betriebsversammlung, Roadshow, Infotage und Q&As für Kommunikation der Führungskräfte ▪ Informationsplattformen ▪ Medien der Projektkommunikation

Phase	Kommunikationsaufgabe	typische Kommunikationsmaßnahmen
5. Empowerment (Förderung selbstbestimmten Handelns) der Mitarbeiter	▪ Risikobereitschaft ermutigen ▪ Unterstützer mobilisieren, Blocker ruhigstellen	wie Schritt 4, zusätzlich: ▪ Case Studies, Best Practices ▪ persönliche Auszeichnungen und Sanktionen ▪ Projekt- und Themenblogs
6. kurzfristige Erfolge schaffen	▪ *short term wins* (kurzfristige Gewinne) hervorheben ▪ Anerkennung und Auszeichnung der Menschen, die Erfolg ermöglichen	wie Schritte 4 und 5, zusätzlich: ▪ Incentivierung von Best Practice Cases und Porträts von Veränderungsmanagern ▪ Tracking von Kennzahlen ▪ Testimonials
7. Erfolge konsolidieren	▪ *sense of urgency* (Sinn für Dringlichkeit) wachhalten ▪ Vision konkretisieren und Transformationswege aufzeigen	zusätzlich: ▪ „Bilanz"-Interview der Geschäftsleitung
8. Veränderungsbereitschaft verankern	▪ Bezug zwischen neuem Verhalten und Erfolg herstellen ▪ neue Normen und Werte kodifizieren und kommunizieren	▪ Bericht über Abschlusspräsentation des Projekts ▪ Abschlussfeier des Projektteams ▪ Befragung von Führungskräften und Mitarbeitern, z. B. im Rahmen eines Blogs ▪ Broschüre, Datenbank, Führungsgrundsätze

Wie in der Tabelle 2.2 zu erkennen ist, bedient sich die Veränderungskommunikation der Standardmedien der internen Kommunikation und ergänzt diese mit Dialogformaten. Durch die Verstärkung des Austauschs sollen die Mitarbeiter in den Veränderungsprozess integriert und emotional angesprochen werden.

Bei der Konzeption des Medienportfolios für den Wandel ist entscheidend, sowohl ausreichend Medien zur schnellen Verbreitung von Informationen als auch solche zur Darstellung umfangreichen, detaillierten Kontextwissens bereitzustellen (vgl. Schick, 2010, S. 111).

BEISPIEL 2.2

Der Vorstand einer Krankenkasse in Baden-Württemberg verkündet eine einschneidende Restrukturierung im Rahmen der Digitalisierung. Einige Mitarbeiter werden ihren Arbeitsort wechseln müssen, andere werden in ein neues Team versetzt. Noch sind nicht alle Entscheidungen zur Restrukturierung getroffen. Je länger es dauert, bis die Mitarbeiter erfahren, ob sie von der Restrukturierung betroffen sind, steigt ihre Verunsicherung immer weiter.

Um die Mitarbeiter nicht länger warten zu lassen als notwendig, berichtet die Abteilung Interne Kommunikation über jede neue Entscheidung - z. B. Standortschließung, Einführung eines neuen Programms - zeitnah im Intranet. Die Mitarbeiter haben so das Gefühl, informiert zu bleiben, und die Gefahr der Entstehung von Gerüchten kann minimiert werden.

Für die direkt Betroffenen reicht eine kurze, sachliche Meldung im Intranet jedoch nicht aus. Deshalb beruft der Regionalleiter eine Mitarbeiterversammlung für die Mitarbeiter des zu schließenden Büros ein. In diesem stellt er den Mitarbeitern die unterschiedlichen Alternativen sowie den Zeitplan vor und geht im direkten Gespräch auf die zahlreichen Fragen und Sorgen der Mitarbeiter ein.

HINWEIS

Veränderungen stellen zudem besondere Herausforderungen für die externe Kommunikation dar, auf die im Rahmen dieses Studienbuchs nicht eingegangen werden kann. Bei weiterem Interesse an dem Thema Veränderungskommunikation wird das folgende Standardwerk empfohlen:

Pfannenberg, J. (2013). *Veränderungskommunikation: So unterstützen Sie den Change-Prozess wirkungsvoll.* 3. Auflage mit Web 2.0 und neuen Fallstudien. Frankfurt am Main: Frankfurter Allgemeine Buch.

2.3 Die Führungskraft als Akteur der internen Kommunikation

> „Führungskräfte sind wichtige, vielleicht die wichtigsten Akteure in der internen Kommunikation." (Schick, 2010, S. 70)

Neben ihrer fachlichen Führungsaufgabe sind Führungskräfte wichtige Multiplikatoren für die zentral gesteuerte interne Kommunikation einer Organisation. Sie sind Coaches und Förderer, Moderatoren und Motivatoren ihrer Mitarbeiter. Die Liste der Rollen, die Führungskräften in der Literatur zugeschrieben werden, lässt sich weiter fortsetzen (vgl. Schick, 2010; Mast, 2016; Voß; Röttger, 2014).

Wie die Funktion der Führungskraft im Detail bezeichnet wird, ist nachrangig. Wichtig ist, dass ihr Einfluss auf das Verhalten der Mitarbeiter i. d. R. wesentlich höher ist als die Wirkung der zentral gesteuerten internen Kommunikationsmedien (vgl. Schick, 2010, S. 138). Durch den direkten und täglichen Einfluss bilden Führungskräfte eine der wichtigsten Informations- und Kommunikationsquellen für ihre Mitarbeiter. Damit sind sie laut Schick (2010, S. 70) die wichtigsten Akteure der internen Kommunikation.

Für die Organisation – für die Geschäftsführung und die Abteilung Interne Kommunikation – geht mit dem Einsatz der Führungskräfte als „Sprachrohr" der internen Unternehmenskommunikation die Gefahr mangelnder Loyalität einher. Im besten Fall kann sie dazu führen, dass die Führungskräfte Informationen nicht weitergeben. Im schlimmsten Fall sabotieren sie die Kommunikation ganz und gar (vgl. Schick, 2010, S. 142).

Damit es nicht dazu kommt und die Führungskräfte ihre Kommunikationsaufgabe erfolgreich ausführen können, kommt der Abteilung Interne Kommunikation in Bezug auf die Führungskräfte zwei Aufgaben zu:

1. Sie muss die Führungskräfte für die Werte und Ziele der Organisation gewinnen (**Führungskräftekommunikation**).
2. Sie muss die Führungskräfte dazu befähigen, ihre eigene Aufgabe als Kommunikatoren auszuführen (**Führungskommunikation**).

Führungskräftekommunikation: Führungskräfte informieren und aktivieren

> „Führungskräftekommunikation unterscheidet sich inhaltlich, medial und dramaturgisch deutlich von der Mitarbeiterkommunikation. Die Inhalte sind komplexer und strategischer; die Führungskräfte sind stärker als Mitarbeiter gefordert, Zusammenhänge selbst herzustellen." (Voß; Röttger, 2014, S. 1142)

Führungskräftekommunikation erfüllt drei Aufgaben:

1. **Überzeugen:** Führungskräfte verfolgen - nicht ausschließlich, aber auch - individuelle Interessen und Ziele aufgrund eigener Karrierevorstellungen. Aufgabe der Führungskräftekommunikation ist es daher, die Führungskraft davon zu überzeugen, dass es für sie vorteilhaft ist, mit ihrem Handeln auf die Unternehmensziele einzuzahlen (vgl. Voß; Röttger, 2014, S. 1152).
2. **Information:** Eine fundierte Wissensbasis ist die Voraussetzung für gute Entscheidungen und Führung. Das bedeutet, Führungskräfte müssen mit ausreichend Informationen ausgestattet werden, sodass sie ein Verständnis der Sachlage und Zusammenhänge entwickeln können. Nur so sind sie in der Lage, ihre Aufgaben zu erfüllen (vgl. Voß; Röttger, 2014, S. 1153).
3. **Vernetzung:** Aus Sicht der Organisation ist das Netzwerk einer Führungskraft eine ihrer bedeutendsten Ressourcen. Bewegen sich Führungskräfte in unterschiedlichen Netzwerken, sammeln sie neue Erfahrungen und betrachten Problemstellungen aus unterschiedlichen Perspektiven. So können sie zu neuen, innovativen Lösungen gelangen. Werden Führungskräfte zudem immer wieder in neue soziale Konstellationen hineingeführt, steigen ihre Risikobereitschaft und Offenheit für Veränderungen (vgl. Voß; Röttger, 2014, S. 1154).

Eine zentrale Rolle in der Führungskräftekommunikation spielt die persönliche Kommunikation. Ein bekanntes und in vielen Unternehmen genutztes Format ist die **Führungskräftetagung** zum Austausch und zur offenen Diskussion über aktuelle Themen der Organisation (vgl. Schick, 2010, S. 140). Für die regelmäßige Kommunikation setzen viele Organisationen **Führungskräfte-Newsletter** ein. Sie enthalten exklusive Informationen, die den Führungskräften als Hintergrundwissen für ihre Kommunikationsaufgabe dienen sollen. Dazu können Trends in der Umwelt, Argumente, Sprachregelungen und Beispiele für die Übersetzungsleistung in den operativen Arbeitsalltag gehören (vgl. Schick, 2010, S. 142).

Führungskommunikation: Führungskräfte zu Kommunikatoren befähigen

Kommunikation ist eine zentrale Aufgabe von Führungskräften. Grundlegend erfüllen sie zwei kommunikative Aufgaben (vgl. Mast, 2016, S. 293):

1. **Information:** Führungskräfte informieren ihre Mitarbeiter. Sie wählen relevante Informationen für ihre Teams aus, bewerten und interpretieren diese, damit die Mitarbeiter verstehen, welche Auswirkungen die Informationen auf ihr zukünftiges Handeln und ihre Arbeit haben.
2. **Beziehungsaufbau:** Führungskräfte bauen eine emotionale Beziehung zu ihren Mitarbeitern auf und pflegen diese mittels Kommunikation. Eine gute Beziehung zur Führungskraft hat einen positiven Einfluss auf die Motivation, Leistung und Zufriedenheit eines Mitarbeiters.

Genau wie in allen anderen Branchen qualifiziert sich auch im Gesundheitswesen die Mehrzahl der Führungskräfte aufgrund ihres medizinischen Könnens und ihrer langjährigen Berufserfahrung für ihre Führungsposition. Doch nicht jeder Facharzt oder jede Stationsleiterin hat ein Talent für Kommunikation. Gleiches gilt für kaufmännische Geschäftsführer von Unternehmen (vgl. Hoffmann, 2016, S. 12). Dies führt seitens der Mitarbeiter immer wieder zu Beschwerden über mangelnde Aktualität der Informationen und zu wenig Meinungsaustausch (vgl. Schick, 2010, S. 142). Aufgabe der Verantwortlichen für interne Kommunikation ist es daher, die Führungskräfte für ihre Rolle als Kommunikatoren zu sensibilisieren und zu schulen.

Im Arbeitsalltag sollen Führungskräfte Informationen der Geschäftsführung an ihre Teams weitergeben und diese auf den individuellen Kontext des Mitarbeiters herunterbrechen. Dieser Kommunikationsaufgabe sollten sie sich nicht entziehen, sondern lernen, sie bewusst annehmen und so ein Selbstverständnis als „kommunizierende" Führungskraft entwickeln (vgl. Hoffmann, 2016, S. 13). Zum Beispiel halten viele Führungskräfte Telefongespräche und E-Mails für eine effektive und zeitsparende Alternative zu persönlichen Gesprächen mit ihren Mitarbeitern. Diese wünschen sich jedoch oftmals – unabhängig vom Inhalt – persönliche Zuwendung und Interesse an ihrer Person (vgl. Mast, 2016, S. 294).

In Ausnahmesituationen - wie Krisen und Veränderungen - sind Führungskräfte zudem wichtige Multiplikatoren, die Orientierung und Sicherheit vermitteln (vgl. Mast, 2014, S. 1138). Damit kommen sie häufig in die Situation, als Treiber für Veränderungen zu fungieren, obwohl sie selbst Unsicherheit verspüren (vgl. Schick, 2010, S. 137). Bei der Übermittlung von komplexen und kritischen Informationen kann die interne Kommunikation die Führungskräfte zudem durch die Erstellung von Kommunikationswerkzeugen unterstützen. Diese Werkzeuge können z. B. mögliche kritische Fragen und deren Antworten, Tipps und Hilfestellungen für die Moderation eines Teammeetings oder eine Präsentation sein, anhand derer die Führungskraft die Änderungen erläutert. Die Kommunikationswerkzeuge werden im Rahmen der Führungskräftekommunikation an alle Führungskräfte mit der Aufforderung verteilt, ihre Mitarbeiter über die aktuellen Themen zu informieren. Idealerweise sollte die Verwendung der Materialien in einem Workshop nach dem Train-the-Trainer-Prinzip mit den Führungskräften eingeübt werden. Dies kann durch die Verantwortlichen für interne Kommunikation selbst oder durch spezialisierte (externe) Kommunikationstrainer erfolgen.

Zusammenfassung

Interne Kommunikation bezeichnet den Austausch von Informationen zwischen Organisationsmitgliedern auf allen Hierarchieebenen und in allen fachlichen Positionen. Allen Organisationsmitgliedern soll durch interne Kommunikation ausreichend Informationen zur Erfüllung ihrer Aufgaben bereitgestellt und Wertschätzung vermittelt werden. Beide Aspekte tragen zur Steigerung der Leistungsfähigkeit der Mitarbeiter und damit zum Fortbestand der Organisation bei.

Zur Ansprache der Mitarbeiter stehen den Verantwortlichen für interne Kommunikation zahlreiche Kommunikationsmedien zur Verfügung. Immer wichtiger werden digitale Plattformen wie das Intranet. Durch die mobile Bereitstellung des Intranets können erstmals auch Mitarbeiter ohne stationären Computerzugang schnell und zuverlässig erreicht werden. Die digitalen Medien unterstützen auch den Wissensaustausch in Unternehmen. Ziel des Wissensmanagements ist es, das Wissen der Mitarbeiter zu bündeln, zu strukturieren und allen Organisationsmitgliedern zur Verfügung zu stellen.

Eine aktuelle Herausforderung der Gesundheitsbranche ist der akute Fach- und Führungskräftemangel. Vor allem in der Pflege gibt es ein Defizit an qualifizierten Fachkräften. Auch Krankenhäuser haben immer größere Schwierigkeiten, Personal zu gewinnen. Die Stärkung des Employer Brandings und der Aufbau einer attraktiven Arbeitgebermarke werden damit zu einer zentralen Aufgabe für die interne Kommunikation in Gesundheitseinrichtungen.

Führungskräfte nehmen in der internen Kommunikation eine Schlüsselrolle ein, weil sie zugleich Zielgruppe und Vermittler der internen Kommunikation sind. Aufgrund ihrer Nähe zu den Mitarbeitern haben sie einen großen Einfluss auf deren Motivation und Arbeitsleistung.

Aufgaben zur Selbstüberprüfung

AUFGABE 2.1

Nennen Sie drei Ziele der internen Unternehmenskommunikation.

AUFGABE 2.2

Nennen Sie drei Instrumente der internen Unternehmenskommunikation.

AUFGABE 2.3

Was ist ein Wiki und welchen Nutzen kann es für die interne Unternehmenskommunikation haben?

AUFGABE 2.4

Die Führungskräftekommunikation erfüllt drei Aufgaben. Nennen Sie diese und erklären Sie eine davon näher.

3 Externe Unternehmenskommunikation: das Unternehmen in die Gesellschaft integrieren

Wenn Sie dieses Kapitel bearbeitet haben, können Sie erläutern, was externe Unternehmenskommunikation ist und welche Ziele sie hat. Sie sind in der Lage, Marktkommunikation und Public Relations anhand ihrer Zielgruppen und Ziele voneinander abzugrenzen. Sie können erklären, was öffentliches Vertrauen ist und warum es im Gesundheitsbereich besonders wichtig ist.

3.1 Definition externe Unternehmenskommunikation

Nachdem in Kapitel 2 die Kommunikation innerhalb von Organisationen ausführlich betrachtet wurde, richtet sich der Fokus in diesem Kapitel auf die Kommunikation mit der (externen) Umwelt von Organisationen. Das Organisationsumfeld umfasst alle Handlungsfelder im Markt sowie in der Gesellschaft, die zur Realisierung eines Wertschöpfungsbeitrags für die Organisation beitragen. Wie bereits in Kapitel 1.3 beschrieben, sind Organisationen jeder Art auf Kooperationspartner angewiesen, um in einem arbeitsteiligen Prozess Güter bzw. Dienstleistungen zu produzieren und vertreiben zu können. Im Kern ist das Ziel der **externen Unternehmenskommunikation**, (potenziell) erfolgsentscheidende Kooperationspartner für diesen Prozess im Unternehmensumfeld zu gewinnen.

Dem Handeln im Markt und in der Gesellschaft liegen verschiedene Rahmenbedingungen zugrunde. Zudem sind unterschiedliche Strategien zur Ansprache der heterogenen Stakeholder notwendig. Aus diesem Grund wird externe Kommunikation im Rahmen der integrierten Unternehmenskommunikation (vgl. Zerfaß, 2014) in zwei Teilbereiche unterschieden (vgl. Kapitel 1.1):

- **Marktkommunikation** bezeichnet die Handlungskoordination im Marktumfeld, um den Einkauf bzw. Verkauf von Gütern zu fördern (vgl. Kapitel 3.1.1).
- **Public Relations** (PR) umfasst den öffentlichen Diskurs mit anderen gesellschaftspolitischen Akteuren zur Schaffung von Legitimität und Sicherung von Handlungsspielräumen (vgl. Kapitel 3.1.2).

Die Grenze zwischen beiden Feldern verschwimmt zunehmend, da sich sowohl ihre Strategien als auch die eingesetzten Medien in der modernen Gesellschaft zunehmend annähern (vgl. Tropp, 2014, S. 1101). Beide Teilbereiche kommunizieren die gleichen Botschaften (*one-voice-policy*), der Social-Media-Auftritt wird von beiden mitgestaltet und Besucher auf Veranstaltungen können nicht mehr klar nach Kunden oder Partnern differenziert werden. Ebenso erscheinen Anzeigen nicht mehr ausschließlich in Form von vollflächigen Bildern und einem knappen Slogan, sondern auch als bezahlte Fachbeiträge. Trotzdem soll an dieser Stelle eine analytische Unterscheidung vorgenommen werden, um ein Verständnis für die zentralen Merkmale von Marktkommunikation und Public Relations zu geben.

3.1.1 Marktkommunikation

Marktkommunikation, auch Marketingkommunikation genannt, umfasst alle systematisch geplanten und gesteuerten Kommunikationsprozesse zur Gestaltung von Transaktions- und Wettbewerbsbeziehungen. Organisationen jeder Art treffen auf dem Markt auf zahlreiche andere Akteure, wie Wettbewerber, Lieferanten und Kooperationspartner, Verbände und natürlich (potenzielle) Kunden (vgl. Zerfaß, 2014, S. 50). Alle Akteure haben das Ziel, möglichst einfachen Zugang zu Ressourcen zu erhalten oder eigene Produkte bzw. Dienstleistungen möglichst erfolgreich auf dem Markt zu positionieren. Dieses Problem wird in modernen Gesellschaften im Grunde durch Marktmechanismen (z. B. über Nachfrage und Preis) geregelt, die von den Organisationen strategisch genutzt werden, um sich gegenseitig auszumanövrieren und Kooperationspartner zu finden (vgl. Zerfaß, 2014, S. 50). Der Kommunikation kommt im Marktumfeld daher ausschließlich unterstützende Funktion zu, um den Einkauf oder Verkauf von Ressourcen, Dienstleistungen und Produkten zu unterstützen (vgl. Tropp, 2014, S. 1100). Marketingkommunikation ist stets persuasiv angelegt, d. h. sie will andere Marktteilnehmer zu einem bestimmten Verhalten veranlassen. „Das Ziel sind nicht gemeinsame Orientierungen, sondern schlicht anschlussfähige Handlungen." (Zerfaß, 2014, S. 50)

DEFINITION 3.1

„Marketingkommunikation umfasst alle Prozesse der Bedeutungsvermittlung a) im Unternehmen, b) zwischen dem Unternehmen und seiner Umwelt und c) in der Unternehmensumwelt, mit denen die markt- und kundenbeziehungsorientierte Unternehmensführung realisiert wird." (Tropp, 2014, S. 1101)

In Bezug auf Wettbewerber kommt der Marketingkommunikation die Rolle zu, durch die gezielte Platzierung von **Marktsignalen** Transaktionspotenziale von Konkurrenten strategisch zu beeinflussen (vgl. Zerfaß, 2014, S. 49). Marktsignale sind (symbolische) Handlungen eines Unternehmens, die einen direkten oder indirekten Hinweis auf dessen zukünftige Vorhaben, Motive und Ziele geben (vgl. Zerfaß, 2014, S. 41). Beispielsweise waren die ersten Investitionen von Google in Gesundheits-Start-ups ein eindeutiges Signal an Investoren und traditionelle Gesundheitsunternehmen, dass der Internetkonzern seinen Geschäftsbereich auf den Gesundheitsmarkt ausweiten wird und diesen durch datenbasierte Lösungen revolutionieren will.

HINWEIS

Im Weiteren wird der Fokus vorrangig auf der Pflege von Kundenbeziehungen liegen. Bei Interesse an der Gestaltung von Wettbewerbs- und Finanzbeziehungen sei das folgende Standardwerk empfohlen:
Kirchhoff, K. R. (2009). *Praxishandbuch Investor Relations: Das Standardwerk der Finanzkommunikation.* 2. überarb. und erw. Auflage, Wiesbaden: Gabler.

Kunden bilden die Existenzgrundlage einer jeden Organisation und stellen damit eine zentrale Anspruchsgruppe im Markt dar. Sie sollen für ein Produkt bzw. eine Dienstleistung gewonnen und darüber hinaus möglichst lange an das Produkt oder die Organisation gebunden werden (vgl. Mast, 2016, S. 301).

Zur Kundengewinnung und -bindung können zwei grundsätzliche kommunikative Vorgehensweisen voneinander unterschieden werden (vgl. Zerfaß, 2014, S. 50):

- Organisationen können **direkte Kaufanreize** über Werbebotschaften z. B. in Print-Anzeigen, TV-Spots oder über Werbebanner im Internet platzieren. Gemeinsam mit verkaufsfördernden Maßnahmen wie Warenproben oder Produktvorführungen und persönlichen Verkaufsgesprächen führen sie zur kurzfristigen Absatzsteigerung.
- Ein langfristiger und indirekter Weg ist der kommunikative Aufbau eines positiven Produkt- oder Organisationsimages. Dieses Vorgehen wird **Imagewerbung** genannt und führt dazu, dass die Organisation weniger Direkt-Marketingmaßnahmen benötigt, weil das Produkt bzw. die Organisation per se mit bestimmten Merkmalen und Kaufanreizen assoziiert wird.

BEISPIEL 3.1

Eine häufig eingesetzte Strategie zur Imagewerbung ist das Sponsoring. Beispielsweise ist die AOK seit 2014 einer der Hauptsponsoren des Deutschen Handballverbands. Zuschauer in den Hallen und vor den Fernsehern sehen das grüne AOK-Logo bei Freundschaftsspielen, Europameisterschaften und Weltmeisterschaften auf den Trikots der Spieler. Auch wenn es keinen unmittelbaren Bezug zwischen der Sportart und dem Leistungsprofil der Krankenkasse gibt, findet ein Transfer des Images statt. Die Handballfans verknüpfen über einen längeren Zeitraum hinweg die AOK mit Attributen wie „sportlich", „aktiv" und „erfolgreich".

Aufgrund des zunehmenden Wettbewerbsdrucks und der steigenden Wechselfreude der Konsumenten wird das langfristige Beziehungsmanagement immer relevanter im Marketing, während die reine Akquise in den Hintergrund rückt (vgl. Mast, 2016, S. 301). Zielgruppenorientierung und Zielgruppendifferenzierung (vgl. Kapitel 1.3 und 1.5) werden damit zu entscheidenden Erfolgskriterien des Marketings.

Bei der Auswahl geeigneter Medien für die Marketingkommunikation (vgl. Tabelle 3.1) ist ein klarer Trend zur Online-Kommunikation zu erkennen. Vor allem jugendliche Konsumenten sind kaum noch über die traditionellen Massenmedien - TV, Radio, Zeitung - zu erreichen.

> „Deshalb macht es Sinn, eigene Kommunikationsplattformen (Events, Themenwelten im Internet) zu schaffen und wichtige Zielgruppen direkt anzusprechen, beispielsweise durch Internet und Social Media." (Zerfaß, 2014, S. 51)

Damit geht automatisch eine Verlagerung hin zu dialogischen Kommunikationswegen einher. Trotzdem spielen monologische, also eindimensionale Kommunikationswege ohne Feedbackmöglichkeit weiterhin eine Rolle in der Marketingkommunikation.

ÜBUNG 3.1

Überlegen Sie bitte, welche Marketingmedien Sie aus Ihrer eigenen Organisation und von deren Konkurrenten kennen. Welche Vor- und Nachteile bringen dialogische bzw. monologische Kommunikationswege für die Marketingkommunikation mit sich?

Tab. 3.1: Typische Medien der Marketingkommunikation (vgl. Tropp, 2014; Zerfaß 2014)

Kommunikationsform	Medien
öffentliche Kommunikation	Plakate, TV- und Radiowerbung, Printanzeige, Banner auf Internetseiten und in Online-Zeitungen, Kampagnenseite für Produkte im Internet
persönliche Kommunikation	Messe, Tag der offenen Tür, Produktvorstellung, Werbebrief, Katalog, E-Mail, SMS, Newsletter

HINWEIS

Für eine intensive Auseinandersetzung mit den Grundlagen und den aktuellen Trends der Marketingkommunikation wird das folgende Lehrbuch empfohlen:

Bruhn, M. (2014). *Unternehmens- und Marketingkommunikation: Handbuch für ein integriertes Kommunikationsmanagement.* 3., vollst. überarb. Auflage, München: Vahlen.

3.1.2 Public Relations

Public Relations (Öffentlichkeitsarbeit) umfasst alle Kommunikationsprozesse in nicht ökonomischen Handlungsfeldern und Öffentlichkeiten. Dazu gehören u. a. Politik, Bildung, Wissenschaft und Kunst (vgl. Zerfaß, 2014, S. 51). Während die Koordination im internen Organisationskontext und im Marktumfeld durch legitimierte Hierarchie- und Marktordnungen strukturiert wird, mangelt es im Bereich des gesellschaftspolitischen Umfelds häufig an festgeschriebenen Koordinationsmechanismen und Regularien. Aus diesem Grund stellt Kommunikation hier das zentrale Instrument der Interessenaushandlung dar (vgl. Zerfaß, 2014, S. 53).

Laut Zerfaß' Ansatz der integrierten Unternehmenskommunikation dient Public Relations der Organisation zur Integration in die Gesellschaft. Sie sichert Handlungsspielräume durch den Aufbau von Beziehungen, Vertrauen und Reputation. Public Relations kann durch Einflussnahme auf politische Entscheider auch zur Weiterentwicklung der Rechtsordnung beitragen (vgl. Zerfaß, 2014, S. 54).

HINWEIS

Dieses Studienbuch behandelt nur bedingt Public Affairs (Unternehmenskommunikation im politischen Raum). Bei Interesse an diesem Handlungsfeld empfehlen wir das folgende Buch:
Schulz, W. (2011). *Politische Kommunikation: Theoretische Ansätze und Ergebnisse empirischer Forschung*. 3. überarb. Auflage, Wiesbaden: VS Verl. für Sozialwissenschaften.

Public Relations zielt nicht darauf ab, dass alle Anspruchsgruppen die Strategie und Prozesse der Organisation als richtig und erstrebenswert anerkennen. Dies ist in einer pluralistischen Gesellschaft mit teils gegensätzlichen Wertvorstellungen und Ansprüchen weder möglich noch erstrebenswert. Ziel der Public Relations in Organisationen ist es viel mehr, förderliche Rahmenbedingungen für das betriebswirtschaftliche Handeln sicherzustellen, indem gesellschaftspolitische Unterstützer für die eigenen Ziele und Tätigkeiten gewonnen werden und Legitimität für die Organisationsstrategie geschaffen wird (vgl. Zerfaß, 2014, S. 52).

DEFINITION 3.2

„Öffentlichkeitsarbeit oder Public Relations sind das Management von Informations- und Kommunikationsprozessen zwischen Organisationen einerseits und ihren internen oder externen Umwelten (Teilöffentlichkeiten) andererseits. Funktionen von Public Relations sind Information, Kommunikation, Persuasion, Imagegestaltung, kontinuierlicher Vertrauenserwerb, Konfliktmanagement und das Herstellen von gesellschaftlichem Konsens." (Bentele, 1997, S. 22 f.)

Im gesellschaftspolitischen Umfeld treffen Organisationen auf höchst unterschiedliche Stakeholder. Der Stakeholderdefinition (vgl. Kapitel 1.3) folgend, gehören dazu alle Akteure, deren Handeln die Organisation beeinflusst oder die von den Organisationsprozessen tangiert werden, aber mit denen keine Vertragsbeziehungen bestehen oder angestrebt werden. Im Laufe der Organisationsentwicklung kommen immer neue Stakeholder und Ansprüche hinzu. Typische Bezugsgruppen der Public Relations sind Behörden, Parteien, Anwohner, Initiativgruppen und Nichtregierungsorganisationen (vgl. Zerfaß, 2014, S. 51).

Ein Teil der Beziehungen mit den gerade genannten Anspruchsgruppen wird durch gesetzliche Vorschriften angebahnt und vorstrukturiert. Ein Beispiel hierfür ist die Planung einer neuen Produktionsstätte. Unternehmen und Verwaltung sind gesetzlich dazu angehalten, Anwohner und andere Interessengruppen in den Genehmigungsprozess einzubeziehen. Damit einher gehen Informationspflichten, die den Rahmen für diese Stakeholderbeziehungen bilden (vgl. Zerfaß, 2014, S. 52). In diesem Fall ist das die Anhörung der Träger öffentlicher Belange im Rahmen der kommunalen Bauleitplanung (vgl. Beispiel 3.2).

BEISPIEL 3.2

Möchte eine Organisation einen neuen Sitz oder eine neue Einrichtung bauen, muss sie sich mit ihren Plänen an die entsprechende Kommune wenden, denn sie ist für die Bauleitplanung zuständig. Im Rahmen von Bebauungsplänen schreiben die Kommunen fest, wie bestimmte Gebiete bebaut werden dürfen. Dies betrifft einerseits die Art der Gebäude (Größe, Ausrichtung bis hin zur Farbe der Dachziegel), aber andererseits auch die geplante Nutzung, z. B., ob dort ein Wohngebiet, Gewerbegebiet oder ein Industriepark entstehen soll.

Die Bebauungspläne werden in einer öffentlichen Sitzung des kommunalen Entscheidungsgremiums beschlossen und liegen anschließend öffentlich aus, damit jedermann sich dazu äußern kann. Die verschiedenen Träger öffentlicher Belange - z. B. Behörden, Unternehmen und Verbände - können zu den Plänen ausführlich Stellung nehmen. So können Unternehmen erläutern, wie sie zur Aufwertung der Gegend beitragen oder welche Maßnahmen sie ergreifen wollen, um eine mögliche Störung der Anwohner zu verhindern. Ebenso können sich Umweltverbände zu Wort melden, die durch die industrielle Bebauung ein Risiko für eine Tierart oder den angrenzenden Stadtwald sehen.

Dieser Aushandlungsprozess ist insofern relevant, als Entscheidungen zur Bauleitplanung langfristigen Bestand haben, da es nach der Bebauung einer Fläche Jahrzehnte dauert, bis über einen Abriss und Neubau nachgedacht wird. Festlegungen zur Bauleitplanungen können für ein Stadtgebiet daher weitreichende Folgen haben. Ob auf der zu bebauenden Fläche ein Wohngebiet entsteht, in dem sich vorrangig Anwohner bewegen, oder ob dort ein großes Fitnessstudio gebaut werden darf, das Publikumsverkehr auch in den Abendstunden nach sich zieht, kann für Anwohner einen erheblichen Unterschied machen.

Der Großteil der Interaktionen in der gesellschaftspolitischen Umwelt ist jedoch nicht explizit durch Rechtsnormen vorstrukturiert, obwohl latente Konfliktpotenziale vorherrschen können. In diesem Fall haben die Organisationen einen großen Gestaltungsspielraum, wie sie beispielsweise auf potenzielle Kritikergruppen proaktiv zugehen wollen. Durch Offenheit sowie innovative Dialogveranstaltungen können Organisationen ihre soziale Position stärken und aus potenziellen Gegnern auch Kooperationspartner machen.

BEISPIEL 3.3

Der Hersteller für Medizin- und Pflegeprodukte HARTMANN hat 2018 zu einem Zukunftsforum geladen, auf dem er gemeinsam mit anderen Akteuren des Gesundheitswesens - darunter Politik, Patientenverbände, Kliniken und Apotheken - Lösungen für die aktuellen gesundheitspolitischen Probleme entwickeln wollte.

Teil des Programms waren verschiedene Impulsvorträge und fachliche Themenrunden zur Definition konkreter Handlungsempfehlungen und Vorgehensweisen.

HARTMANN signalisiert durch ein solches Format, dass das Unternehmen sich seiner gesellschaftlichen Rolle bewusst ist und Interesse an kooperativen Lösungen hat. Gleichzeitig kann es durch die Agenda Themen bewusst setzen und verschafft sich Zugang zu Entscheidungsträgern aus Politik und Verbänden.

Weitere Informationen zum Veranstaltungsformat lassen sich der Einladung entnehmen, die Sie unter folgendem Link finden:
http://www.aon.media/ve9iea

Im gesellschaftspolitischen Umfeld mangelt es an festgeschriebenen Koordinationsmechanismen und Regularien. Kommunikation stellt hier das zentrale Instrument der Interessenaushandlung dar.

Aufgrund der weitgefächerten und sich ständig wandelnden Ansprüche benötigen Organisationen ein breites Spektrum situationsadäquater PR-Strategien für die Stakeholderkommunikation (vgl. Zerfaß, 2014, S. 54). Dafür stehen ihnen verschiedene

PR-Instrumente und Kommunikationskanäle zur Verfügung, die zur Erfüllung unterschiedlicher Ziele eingesetzt werden:

- **Medienarbeit:** Das wohl bekannteste PR-Instrument ist die Medienarbeit (Media Relations). Über die Kommunikation mit Journalisten als Zwischenzielgruppe versucht die Medienarbeit, Berichterstattung in den Massenmedien zu initiieren oder zu beeinflussen. Auf diesem Weg will sie indirekt mit ihren eigentlichen Stakeholdern kommunizieren und Botschaften an Leser bzw. TV-, Radio- und Online-Nutzer übermitteln. Das Spektrum der Medienarbeit reicht von der klassischen Pressemitteilung über Pressekonferenzen und Media-Round-Tables bis hin zu vertraulichen Hintergrundgesprächen mit Journalisten (vgl. Bentele; Will, 2008, S. 164).
- **Corporate Publishing:** Um Journalisten als Informationsmittler zu umgehen, produzieren immer mehr Organisationen eigene Medien wie Unternehmensmagazine und redaktionelle Internetangebote für ihre Stakeholder. Diese Tätigkeit wird Corporate Publishing genannt. Die Medien orientieren sich an journalistischen Qualitätsmerkmalen und Darstellungsformen und haben sowohl Informations- als auch Unterhaltungs- und Nutzwert für ihre Rezipienten (vgl. Mast, 2016, S. 163).
- **Dialogformate:** Darüber hinaus kreiert PR eigene Dialogformate wie Kamingespräche mit Politikern, Besprechungen beim gemeinsamen Mittagessen und Diskussionsforen, um in den direkten Austausch mit Stakeholdern zu gehen. Hierfür eignen sich auch bereits etablierte Kommunikationsplattformen wie Branchenkongresse und parteipolitische Foren. Dort treffen Organisationsvertreter auf einflussreiche Stakeholder, um neue Beziehungen anzubahnen (vgl. Zerfaß, 2014, S. 54).

HINWEIS

Für eine intensive Auseinandersetzung mit den Grundlagen sowie aktuellen Trends der Public Relations wird das folgende Lehrbuch empfohlen: Hoffjan, O. (2015). *Public Relations.* Konstanz: UTB.

3.2 Janusköpfigkeit des deutschen Gesundheitsmarkts

Das Gesundheitswesen ist Teil des Sozialsystems und zugleich ein Wirtschaftszweig. Auf dem Gesundheitsmarkt treffen also medizinisch-gesundheitliche Ziele und soziale Ansprüche auf ökonomische Funktionsweisen und politische Regulationen, die zu einem Spannungsverhältnis führen. Daraus resultierende Konflikte entstehen nicht ausschließlich zwischen unterschiedlichen Akteuren des Gesundheitswesens. Jede Organisation in diesem Markt muss auch für sich eine Balance zwischen sozialer und ökonomischer Zielstellung finden (vgl. Roski, 2009, S. 5).

BEISPIEL 3.4

Ein typisches Beispiel für das Spannungsverhältnis von sozialen Zielsetzungen bei gleichzeitig wirtschaftlichem Handeln sind Krankenkassen. Sie haben laut Sozialgesetzbuch V einerseits die Aufgabe, „die Gesundheit der Versicherten zu erhalten, wiederherzustellen oder ihren Gesundheitszustand zu bessern. (…) Die Krankenkassen haben den Versicherten dabei durch Aufklärung, Beratung und Leistungen zu helfen und auf gesunde Lebensverhältnisse hinzuwirken" (§ 1 Abs. 1 SGB V).

Hierfür stehen den Krankenkassen jedoch nicht alle theoretisch vorhandenen Präventionsmaßnahmen und Behandlungsmethoden zur Verfügung, da sie gleichzeitig dem Wirtschaftlichkeitsgebot verpflichtet sind:

> „Die Leistungen müssen ausreichend, zweckmäßig und wirtschaftlich sein; sie dürfen das Maß des Notwendigen nicht überschreiten. Leistungen, die nicht notwendig oder unwirtschaftlich sind, können Versicherte nicht beanspruchen, dürfen die Leistungserbringer nicht bewirken und die Krankenkassen nicht bewilligen." (Roski, 2009, S. 9)

Das Spannungsgefüge von sozialen und ökonomischen Zielen spiegelt sich auch im öffentlichen Auftreten der Gesundheitsorganisationen sowie der Gestaltung von Stakeholderbeziehungen wider: So zählt die Versorgung der Versicherten mit Gesundheitsinformationen zu den Aufgaben von Krankenkassen. Diese nutzen ihre Informationspflicht gleichzeitig, um sich durch die Selektion der präsentierten Themen bei ausgewählten Zielgruppen als attraktive Partner zu präsentieren und für kostenintensive Zielgruppen weniger attraktiv zu wirken. Ähnliches ist bei Aufklärungsmaßnahmen von Krankenhäusern und Ärzten zu beobachten. Auch sie verknüpfen häufig Patienteninformation mit indirekten geschäftlichen Zielen, weil sie aufgrund von Fallpauschalen und standardisierten Erstattungssätzen unter einem enormen ökonomischen Druck stehen (vgl. Roski, 2009, S. 4). So kann es mitunter passieren, dass beispielsweise einzelne Indikationen auf Websites oder in Patientenbroschüren besonders hervorgehoben werden, weil sie ökonomisch ertragreicher sind als andere Behandlungsmethoden. Dies kann mitunter zu ethisch fragwürdigen Handlungsweisen führen (vgl. Roski, 2009, S. 27).

Die gesundheitsbezogene Massenkommunikation ist zunehmend gekennzeichnet durch die Durchmischung von Aufklärung, Werbung und Unterhaltung, die selbst für Gesundheitsexperten immer schwerer zu durchschauen ist (vgl. Schnabel, 2009, S. 46).

Eine eindeutige Grenze zwischen Public Relations und Marktkommunikation kann damit im Gesundheitswesen kaum gezogen werden (vgl. Roski, 2009, S. 17).

In diesem komplexen Spannungsfeld zwischen sozialer Institution und Wirtschaftsunternehmen sollen nachfolgend drei Aspekte näher betrachtet werden: Zunächst erfolgt eine Beleuchtung der Rolle von Gesundheitseinrichtungen im öffentlichen Meinungsbildungsprozess (vgl. Kapitel 3.2.1). Im Anschluss werden die Auswirkungen der Privatisierung im Gesundheitswesen auf die Marketingaktivitäten von Gesundheitseinrichtungen diskutiert (vgl. Kapitel 3.2.2). Abschließend geht es um den Einfluss digitaler Kommunikation auf das Arzt-Patienten-Verhältnis (vgl. Kapitel 3.2.3).

3.2.1 Meinungsbildung in der Arena des Gesundheitsmarkts

Eine zentrale Kommunikationsaufgabe im Gesundheitsmarkt ist die Beeinflussung von Meinungen und das Initiieren von Verhaltensänderungen. In der Prävention und Gesundheitsförderung richten sich Aufklärungskampagnen in erster Linie an definierte Risikogruppen in der Bevölkerung. Kampagnen können sowohl von Patientenorganisationen als auch Krankenkassen oder Gesundheitsverbänden ausgehen. Ihr Ziel ist es, für ein spezifisches Thema zu sensibilisieren, gesundheitsspezifisches Wissen zu vermitteln und eine nachhaltige Verhaltensänderung bei der Zielgruppe zu bewirken (vgl. Völzke et al., 2016).

Weniger präsent in der Öffentlichkeit ist die Beeinflussung von Entscheidungsträgern aus Politik und Finanzierung. Hersteller von Arzneimitteln und medizintechnischen Produkten sind ebenso interessiert an der Einflussnahme auf politische Regularien und Erstattungsrichtlinien wie medizinische Einrichtungen und Patientenverbände. All diese Akteure versuchen, durch kommunikative Maßnahmen auf den gesundheitspolitischen Diskurs einzuwirken, Themen zu setzen und politische Entscheidungen zu beeinflussen (vgl. bpb, 2015).

ÜBUNG 3.2

Recherchieren Sie eine Aufklärungskampagne aus dem Gesundheitswesen und versuchen Sie, nachfolgende drei Aspekte anhand Ihrer Rechercheergebnisse nachzuvollziehen:

- Welche Ziele verfolgt der Initiator der Kampagne?
- Welche Stakeholder werden angesprochen?
- Welche Medien werden eingesetzt?

Die Beeinflussung (öffentlicher) Meinungen im Gesundheitsmarkt wird meist durch den Zusammenschluss von Organisationen zu Verbänden, beispielsweise dem Allgemeinen Patienten-Verband e. V. (APV), dem Bundesverband Medizintechnologie e. V. (BVMed), der Deutschen Krankenhausgesellschaft (DKG) oder dem Bundesverband der Arzneimittel-Hersteller e. V. (BAH), initiiert. Eine der größten Herausforderungen, mit der sich die Akteure dabei konfrontiert sehen, ist die **Ressourcenknappheit** aufseiten der Zielgruppen (vgl. bpb, 2015).

- Wenn die Deutsche Diabetes Gesellschaft einen Teil der Bevölkerung von einer gesünderen, zuckerreduzierten Ernährungsweise überzeugen möchte, so konkurriert sie um die Aufmerksamkeit dieser Zielgruppe. Aufmerksamkeit ist in Zeiten des Internets und der zunehmenden individuellen Mediennutzung ein rares Gut. Dabei steht die Diabetes Gesellschaft mit ganz unterschiedlichen Kommunikationsangeboten in Konkurrenz, etwa mit Werbemaßnahmen von Fast-Food-Ketten und Softdrinkherstellern, aber auch mit Kommunikationsangeboten ganz anderer Branchen, beispielsweise von Spieleherstellern oder Kosmetikfirmen, die potenziell interessant für die Zielgruppe sind.
- Bei der Ansprache (politischer) Entscheidungsträger wie Krankenkassenverbänden oder dem Bundesministerium für Gesundheit kommt erschwerend hinzu, dass den Organisationen nur begrenzte finanzielle Ressourcen zur Verteilung bereit stehen, um die eine Vielzahl von Unternehmen und Interessenverbänden im Wettstreit stehen. Wie im Beispiel 3.4 dargestellt, müssen Krankenkassen und Politik nach dem Wirtschaftlichkeitsgebot und im Sinne des gesellschaftlichen Gemeinwohls handeln. Aus diesem Grund ist ihre Aufmerksamkeit weniger mit emotionalen Argumenten als mit gesellschaftlichen und gesamtökonomischen Vorteilen zu gewinnen.

Damit Kommunikationsverantwortliche Maßnahmen in diesem Kontext zielgerichtet planen und effizient steuern zu können, ist es wichtig, den Meinungsbildungsprozess besser zu verstehen. Dafür ist der Ansatz der **Koorientierung** von McLeod und Chaffee (1973) hilfreich. Demnach findet Meinungsbildung nicht isoliert statt. Akteure stellen Mutmaßungen darüber an, wie Anspruchsgruppen in ihrem Umfeld den Sachverhalt bewerten, und richten ihr eigenes Handeln danach aus. So kommt es zu einer unausgesprochenen Regulierung, die auf wechselseitigen Annahmen über die Meinung des jeweils anderen beruht. An welchen Anspruchsgruppen sich ein Akteur orientiert, ist abhängig vom Status (vgl. Bürker, 2013 S. 67 f.).

> **!** Meinungsbildung ist ein sozialer Aushandlungsprozess.

Dies hat eine Implikation für die Gestaltung der Kommunikation: Wenn beispielsweise ein Verband eine Änderung bei der Erstattung eines Medikaments erwirken möchte, reicht es nicht aus, ein Gespräch mit Vertretern der Krankenkasse zu führen. Die Krankenkassenvertreter werden ihre Argumente mit den Meinungen und Verhaltensweisen der anderen Akteure im Gesundheitsmarkt abgleichen. Solange sie dort keine weiteren Impulse für die Änderung der Erstattung spüren, werden sie keine Verhaltensänderung anstreben. Aus diesem Grund ist es aus der Perspektive des Verbandes notwendig, weitere relevante Zielgruppen im Umkreis der Krankenkasse als solche zu identifizieren, um auf die Meinungsbildung einwirken können. Dies kann mittels großangelegter Informationskampagnen, aber auch durch gezielte Koalitionsbildung geschehen.

BEISPIEL 3.5

Ein Beispiel für eine integrierte Gesundheitskampagne mit dem Ziel der Beeinflussung von Meinungen und Verhaltensweisen ist „Körperstolz" vom Bundesverband Medizintechnologie (BVMed). Ökonomisch zielt die Kampagne auf die Erweiterung von Erstattungsrichtlinien sowie zusätzliche Fördermittel für die Entwicklung medizintechnischer Produkte ab. Hierfür erzeugt der BVMed öffentlichen Druck, indem er chronische Krankheiten thematisiert. Chronisch Erkrankte sollen als wertvolle Akteure der Gesellschaft angesehen werden. Dabei wird die Rolle medizintechnischer Produkte zur Integration der Erkrankten in die Gesellschaft betont. Die Kampagne erfüllt auch einen gesellschaftlichen Zweck, indem sie über chronische Krankheiten und Prävention aufklärt.

Zur Modellierung des Meinungsbildungsprozesses eignet sich das **Arena-Modell** nach Renn (1993). Mit diesem spieltheoretischen Ansatz können die Anspruchsgruppen im Umfeld der primären Zielgruppe analysiert werden, um anschließend geeignete Strategien zur Meinungsbildung entwickeln zu können. Die Anwendung des Modells hilft, den komplexen Meinungsbildungsprozess zu visualisieren und Chancen sowie Herausforderungen schneller zu erkennen (vgl. Abb. 3.1).

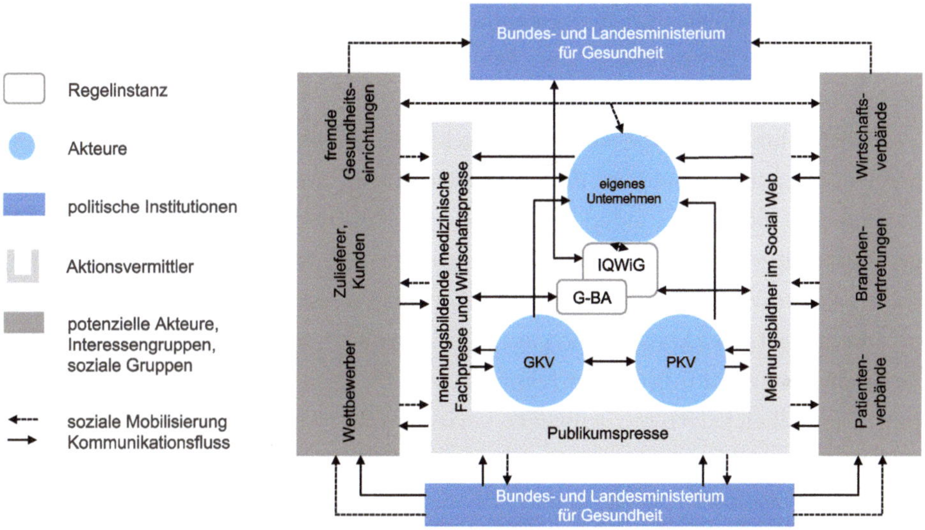

Abb. 3.1: Beispielhafte Darstellung des Arena-Modells für den Gesundheitsmarkt (vgl. Raudszus, 2018)

Im Zentrum der Arena stehen die Akteure, die um die Meinungshoheit wetteifern. Ihre Bemühungen werden von weiteren Anspruchsgruppen wie Meinungsmittlern - z. B. Journalisten - beeinflusst. Allen Anspruchsgruppen stehen Ressourcen wie Vertrauen, Zugang zu Entscheidungsträgern und Glaubwürdigkeit zur Verfügung. Ziel der Akteure ist es, die eigenen Ressourcen zu mobilisieren und Allianzen mit Anspruchsgruppen zu schmieden, um eigene Schwächen auszugleichen. Beides soll dazu dienen, die Ressourcen der Gegenspieler zu schwächen (vgl. Renn, 1993).

3.2.2 Kundenorientierung im Gesundheitsmarkt

Bereits seit einigen Jahren ist ein Paradigmenwechsel im Gesundheitswesen zu beobachten. Gesundheitsförderung und Prävention haben an Bedeutung gewonnen, während die Kommerzialisierung des Gesundheitsmarkts weiter zugenommen hat (vgl. Cassens et al., 2012). Für die Bevölkerung bietet diese Entwicklung neue Möglichkeiten, denn sie kann frühzeitig gesundheitsfördernde Maßnahmen ergreifen. In der Branche des Gesundheitstourismus bieten sich Arbeitnehmern neue berufliche Chancen (vgl. Cassens et al., 2012). Neben diesen Vorteilen führt die Kommerzialisierung aber auch zur Erhöhung des Wettbewerbsdrucks (vgl. Roski, 2009, S. 15). Traditionelle Gesundheitseinrichtungen müssen ihr Angebot und ihre Kommunikation verstärkt an den Bedürfnissen ihrer Patienten ausrichten, um weiterhin erfolgreich zu sein (vgl. Schnabel, 2009, S. 34).

Darüber hinaus ist eine weitere Entwicklung auf dem Gesundheitsmarkt zu erkennen, die auf eine stärkere **Patientenorientierung** drängt: Die Souveränität von Patienten als mündige Kunden nimmt stetig zu. Patientenverbände und Vereinigungen stärken ihre Mitglieder durch die transparente Bereitstellung von Informationen, sodass sie souveräne Entscheidungen treffen können (vgl. Meyer, 2009, S. 254).

Mit dieser Entwicklung einhergehend müssen auch die Marketingstrategien der Gesundheitseinrichtungen intensiviert werden. Da das komplexe „Produkt" Pflege bzw. Gesundheit jedoch nur schwer zu verkaufen ist, bedarf es „differenzierter, integrierter und auf Dauer angelegter Interventionsstrategien" (Schnabel, 2009, S. 34), die auf die Informationsbedürfnisse und das Mediennutzungsverhalten der Anspruchsgruppen Rücksicht nehmen. Dies setzt eine stärkere Zielgruppensegmentierung voraus, als sie bisher in vielen Gesundheitseinrichtungen vorgenommen wurde (vgl. Meyer, 2009, S. 254).

BEISPIEL 3.6

In der Altenhilfe und -pflege fand bisher die Zielgruppensegmentierung hauptsächlich über die Merkmale Alter und Gesundheitszustand statt (vgl. Roski, 2009, S. 25). Roski regt eine ergänzende Einteilung nach Lebensstil und psychografischen Kriterien an, um die vielfältigen Leistungen wie Betreutes Wohnen, Alten-WG, ambulante Pflege, Pflegeheim und Altenheim mit ihren je spezifischen Merkmalen besser präsentieren zu können.

Da es sich bei diesem Thema, wie bei vielen Gesundheitsthemen, um eine einschneidende Entscheidung im Leben der Betroffenen handelt, ist eine sensible Ansprache entscheidend. Außerdem dürfen Angehörige, Ärzte und Ämter in diesem Kommunikationsprozess nicht vergessen werden. Sie beeinflussen den Entscheidungsprozess und benötigen wiederum andere Informationen über eigene Kommunikationskanäle (vgl. Roski, 2009, S. 25).

Leider liegen bisher kaum valide Untersuchungsergebnisse dazu vor, welche Informationsbedürfnisse die unterschiedlichen Anspruchsgruppen bei der Entscheidungsfindung in der Altenhilfe und -pflege haben und welche Kommunikationsmedien sie bevorzugen (vgl. Meyer, 2009, S. 254).

Auf dem Krankenhausmarkt werden häufig **Patientenbefragungen** durchgeführt, um genaue Auskunft über die Ansprüche und gewünschten Leistungen der Patienten zu erhalten. Die Auswertung solcher Befragungen zeigt, dass Patienten bei der Auswahl eines Krankenhauses zwei Kriterien wichtig sind: die medizinische Versorgung und die Qualität der Unterbringung (vgl. Braun-Grüneberg; Wagner, 2009, S. 220).

Außerdem wird die Internetpräsenz eines Krankenhauses für Patienten zu einem immer wichtigeren Entscheidungskriterium:

> „Wenn der Patient mit den digitalen Kommunikations- und Informationsangeboten vor, während und nach seinem Aufenthalt zufrieden war, erhöht das die Wahrscheinlichkeit, dass er sich auch bei einer anderen, späteren Behandlung wieder für dasselbe Krankenhaus entscheidet." (Bark, 2017, S. 16)

Dieses Wissen können Kommunikationsverantwortliche nutzen, um die Kommunikationsinhalte zu optimieren und Ressourcen effizient einzusetzen, z. B. indem sie spezielle Kompetenzen und besondere Behandlungsmethoden hervorheben. Dies kann ein wichtiges Differenzierungsmerkmal im Wettbewerb mit anderen Krankenhäusern darstellen (vgl. Bark, 2017, S. 16).

3.2.3 Ausblick: Kommunikation im digitalen Gesundheitsmarkt

Gesundheitliche Online-Communities und Informationsseiten zu Gesundheitsfragen verzeichnen seit einigen Jahren enormen Zulauf (vgl. Engelen, 2014, S. 67). Für Patienten ist es inzwischen normal, sich bei „Dr. Google" über Krankheiten, Beschwerden und Behandlungsmöglichkeiten zu informieren, bevor sie zu einem Arzt gehen (vgl. Engelen, 2014, S. 75). Wie korrekt und aktuell die gefundenen Gesundheitsinformationen im Internet sind, können Patienten jedoch nur schwer einschätzen. Bei der Recherche häufig entstehende Fehldiagnosen, Missverständnisse und Verwirrungen müssen anschließend vom Arzt in intensiven Patientengesprächen ausgeräumt werden (vgl. Eckert, 2016, S. 390). Unabhängig von der Fehleranfälligkeit der selbstständigen Recherche von (potenziellen) Patienten hat in deren Augen der Arzt seine Stellung als alleiniger Gesundheitsexperte verloren. Dadurch hat sich das Verhältnis zwischen Patienten und medizinischem Fachpersonal nachhaltig verändert (vgl. Engelen, 2014, S. 75).

Patienten sind in diesem Fall ihren Ärzten weit voraus. Sie engagieren sich aktiv in Gesundheitsforen sowie den sozialen Medien und tauschen Informationen mit anderen Patienten aus. Sie verstehen das Internet auch als probates Mittel, um auf Bewertungsportalen wie Jameda, Sanego oder Ärzte.de die Qualität von Arztpraxen zu beurteilen (vgl. Wallenfels, 2016, S. 16).

HINWEIS

Jameda nennt sich selbst „Deutschlands größte Arztempfehlung". Das Unternehmen gehört dem Medienkonzern Burda an und ist mit Funktionen zur Terminvereinbarung oder für Videosprechstunden zu einem Mittler in der Gesundheitsversorgung geworden. Kritiker zweifeln die Neutralität der Plattform an, weil Ärzte über „Premiumpakete" Profile und damit mehr Reaktionsmöglichkeiten erkaufen können.

Auf diesen Plattformen können Patienten Arztpraxen Schulnoten für unterschiedliche Bewertungskriterien wie Behandlung, Freundlichkeit und Wartezeiten geben. Bereits seit Längerem ist bekannt, dass zahlreiche Patienten die Rankings solcher Plattformen bei der Ärztewahl heranziehen (vgl. Engelen, 2014, S. 67). Daher sollten Ärzte diese Plattformen regelmäßig beobachten und auswerten, um im Ernstfall auf falsche Vorwürfe und Kritik reagieren zu können. Eine Studie der Universität Erlangen-Nürnberg hat ergeben, dass gut die Hälfte der befragten Ärzte und Heilmediziner ihre eigenen Bewertungen auf den Plattformen bereits zum Anlass für mindestens eine konkrete Verbesserungsmaßnahme genutzt hat. Die meisten dieser Maßnahmen betrafen Optimierungen in der Patientenkommunikation und dem Terminvergabeprozess (vgl. Wallenfels, 2016, S. 16).

Die Studie hat zusätzlich gezeigt, dass die Bewertungsplattformen auch die Kommunikation unter den Fachleuten verändern: Immerhin 12 % der Befragten gaben an, sich die Bewertungen von Kollegen durchzulesen, um darauf basierend Patienten an Fachärzte zu überweisen (vgl. Wallenfels, 2016, S. 16).

Bei den bis hierhin vorgestellten Beispielen handelt es sich um digitale Gesundheitskommunikation 1.0 ohne direkte digitale Interaktion zwischen Patienten und medizinischem Fachpersonal. Darüber hinaus gibt es zahlreiche Projekte zur Gestaltung der digitalen Kommunikation und Interaktion zwischen Patienten und Leistungserbringern im Gesundheitswesen. Beispiele für die digitale Gesundheitskommunikation 2.0 sind Twitter-Sprechstunden und *Health Bridge*. Diese vermittelt auf internationaler Ebene Ärzte mit Spezialisten, die sich in Videokonferenzen über Befunde und Behandlungsmöglichkeiten von Patienten austauschen können (vgl. Engelen, 2014, S. 75). Weitere denkbare Lösungen sind ein digitaler Terminplan für chronisch erkrankte Patienten oder eine digitale Essensbestellung in Krankenhäusern. Auch Angehörige können zukünftig online über Diagnosen oder Hygienemaßnahmen informiert werden (vgl. Bark, 2017, S. 17). Zusätzliche Entwicklungen in der Fernbetreuung beruhen auf der Motivation, dass die Nachfrage nach Gesundheitsleistungen in der heimischen Pflege steigt, während zu wenig Geld und Personal für Pflege verfügbar sind (vgl. Engelen, 2014, S. 77).

All diese technologischen Möglichkeiten werden das Verhältnis zwischen Patienten, Angehörigen und medizinischem Fachpersonal in der nahen Zukunft weiter verändern. Voraussetzung dafür, dass derartige Versorgungsprogramme und Kommunikationsplattformen flächendeckend genutzt werden, sind Produktneutralität, Datensicherheit, valide Inhalte und Nutzerfreundlichkeit.

Nur wenn Plattformen all diese Punkte erfüllen, werden Arzt und Patient der Technologie gleichermaßen vertrauen und sie gewinnbringend für eine hochwertige Patientenversorgung einsetzen (vgl. Eckert, 2016, S. 390).

3.3 Vertrauen im deutschen Gesundheitsmarkt

Der Gesundheitsmarkt ist ein komplexes Funktionssystem mit eigenen Logiken, die für den medizinischen Laien oft nicht durchschaubar sind. Trotzdem setzt jede medizinische Behandlung die Einwilligung des Patienten voraus. Doch auf welcher Grundlage trifft er die Entscheidung für eine teils schmerzhafte und mit Scham verbundene Therapie? Er setzt Vertrauen in das Gesundheitssystem.

In den vorangegangenen Kapiteln wurde bereits mehrfach darauf hingewiesen, dass Patienten aufgrund neuer Informationszugänge mündiger und souveräner werden. Dennoch bleibt ihnen in vielen Fällen nichts anderes übrig, als ihren Ärzten oder Pflegern zu vertrauen.

> „Man wendet sich an Einrichtungen und Protagonisten des Gesundheitssystems, obwohl man weder die diagnostischen Maßnahmen und therapeutischen Verfahren begreift noch alle Ärzte und Pflegekräfte persönlich kennt. Vielmehr legt man seiner Entscheidung die Erwartung zugrunde, dass das Gesundheitssystem mit seinen Einrichtungen und Protagonisten der ‚richtige' Adressat bei bestehenden Gesundheitsproblemen ist." (Männle; Seiffert, 2013, S. 10)

Vertrauen ist nach Niklas Luhmann ein sozialer Mechanismus zur Reduktion von Komplexität und Unsicherheit. Er ersetzt anderweitige Mechanismen wie Verträge, Sanktionen und Kontrolle (vgl. Männle; Seiffert, 2013, S. 9). Ein Vertrauenssubjekt bringt einem Vertrauensobjekt basierend auf Erfahrungen aus der Vergangenheit sowie dem Image des Vertrauensobjektes mehr oder weniger viel Vertrauen als Vorschuss für eine unsichere Zukunft entgegen. Während der Aufbau von Vertrauen ein sehr langwieriger Prozess ist, kann es schnell verloren gehen (vgl. Bentele, 2013b, S. 357).

Patienten können auf drei Ebenen Vertrauen schenken (vgl. Bentele, 2013a, S. 251):

- **Mikroebene:** interpersonales Vertrauen, z. B. in die medizinische Fachkraft
- **Mesoebene:** Organisations- bzw. Institutionenvertrauen in beispielsweise das Krankenhaus, das Pflegeheim oder das Rehazentrum
- **Makroebene:** Systemvertrauen in das Gesundheitssystem

Zwischen den drei Ebenen ist sowohl ein positiver als auch ein negativer Vertrauenstransfer möglich (vgl. Bentele, 2013a, S. 251).

> „Es ist anzunehmen, dass hohes Systemvertrauen dazu führt, dass auch unbekannten Ärzten ein Vertrauensvorschuss gegeben wird. Ist das Vertrauen in die eigenen Ärzte jedoch gering, könnte sich dies auch auf das generelle Vertrauen in das Gesundheitssystem negativ auswirken." (vgl. Grünberg, 2014, S. 208)

BEISPIEL 3.7

Der Organspendenskandal um Prof. Dr. Aimand Obed im Jahr 2012 hat nicht nur ein schlechtes Licht auf das betroffene Transplantationszentrum in Göttingen geworfen, sondern auch das Vertrauen der Gesellschaft in den Prozess der Spendenorganvergabe nachhaltig geschwächt. Die Anzahl der Organspender in Deutschland sank in den folgenden Monaten um 15,5 %. Schließlich konnte das Fehlverhalten des Professors auf Wettbewerbsstreben und ökonomischen Druck zurückgeführt werden. Aus diesem Grund ist zusätzlich nicht auszuschließen, dass die negative Berichterstattung über Organtransplantationen auch negative Auswirkungen auf das Gesundheitssystem als Ganzes hatte (vgl. Powell, 2013).

Während das **spezifische Vertrauen** in die Akteure des Gesundheitssystems vorwiegend über soziale Interaktion und persönliche Erfahrungen aufgebaut wird, wird das **generalisierte Vertrauen** in Organisationen und das Gesundheitssystem maßgeblich durch die Medienberichterstattung und Erfahrungen Dritter geprägt (vgl. Grünberg, 2014, S. 216). Hier setzt die Aufgabe der externen Unternehmenskommunikation über die klassische Medienarbeit sowie Imagekampagnen an.

Folgende Faktoren können laut Benteles **Theorie des öffentlichen Vertrauens** den Vertrauensaufbau unterstützen oder ihn verhindern (vgl. Sommer; Bentele, 2008):

- Sachkompetenz
- Problemlösungskompetenz
- soziales Verhalten
- Kommunikationsverhalten
- Charakter
- Verantwortungsbewusstsein
- ethisches Verhalten

Jede Diskrepanz in Bezug auf diese Vertrauensfaktoren führt zu einem Vertrauensverlust. Häufig reicht bereits ein einzelner Skandal aus, um das Vertrauen in ein gesamtes System zu erschüttern (vgl. Sommer; Bentele, 2008).

Darum ist es vorrangig die Aufgabe von Public Relations, Diskrepanzen zwischen veröffentlichten Informationen und realen Sachverhalten oder zwischen verbal Gesagtem und tatsächlichem Handeln in Organisationen zu verhindern. Ebenso schädigend sind widersprüchliche Aussagen eines Akteurs des Gesundheitssystems zu unterschiedlichen Zeitpunkten oder widersprüchliche Aussagen zweier Akteure aus vergleichbaren Organisationen (vgl. Sommer; Bentele, 2008).

Erzeugen solche Widersprüche Aufmerksamkeit in der Öffentlichkeit, kann dies zur Krise für eine Organisation oder sogar für das gesamte Gesundheitssystem führen. Die Aufgaben der Unternehmenskommunikation im Krisenfall werden im folgenden Kapitel vorgestellt.

Zusammenfassung

Externe Unternehmenskommunikation umfasst alle Kommunikationsprozesse im Umfeld der Organisation und wird in die zwei Teilbereiche Marktkommunikation und Public Relations (PR) unterschieden. Marktkommunikation bezeichnet die Unterstützung der Handlungskoordination im Marktumfeld, um den Einkauf bzw. Verkauf von Gütern zu fördern. Public Relations (PR) umfasst den öffentlichen Diskurs mit anderen gesellschaftspolitischen Akteuren mit dem Ziel der Legitimität und Sicherung von Handlungsspielräumen.

Organisationen im Gesundheitsmarkt stehen in einem Spannungsfeld zwischen gesellschaftlichen und wirtschaftlichen Anforderungen, die zu besonderen Herausforderungen für die externe Unternehmenskommunikation führen. Die Kommerzialisierung und Digitalisierung des Gesundheitswesens stellen neue Anforderungen an das Marketing und die Patientenansprache. Doch auch wenn Patienten durch den digitalen Zugang zu Informationen heute souveränere Entscheidungen treffen können, stellt Vertrauen nach wie vor eine wertvolle Ressource im Gesundheitssystem dar, die nur mühsam aufgebaut wird, aber schnell verloren gehen kann. Die externe Unternehmenskommunikation kann einen entscheidenden Beitrag zum Aufbau und zur Sicherung von Vertrauen in Akteure und Organisationen leisten.

Aufgaben zur Selbstüberprüfung

AUFGABE 3.1

In welche Bereiche wird die externe Unternehmenskommunikation unterteilt? Erläutern Sie diese kurz.

AUFGABE 3.2

Was unterscheidet Systemvertrauen und spezifisches Vertrauen?

AUFGABE 3.3

Was bedeutet die sogenannte „Januskköpfigkeit" im Gesundheitsmarkt?

AUFGABE 3.4

Wie kann ein Unternehmen mit Stakeholdern in Kontakt treten? Gehen Sie auf eine Form näher ein.

4 Krisenkommunikation: die Katastrophe vermeiden

Nach dem Bearbeiten dieses Kapitels können Sie erklären, was Krisenkommunikation ist und warum sie für jede Organisation relevant ist. Sie sind in der Lage, die Bedeutung von Krisen für Gesundheitsorganisationen einzuschätzen und können in (einfachen) Krisenfällen Kommunikationsmaßnahmen ergreifen.

Die Frage ist nicht, ob eine Organisation in eine Krise geraten wird, sondern nur, wann es so weit ist. Krisen sind ein normaler Bestandteil des Lebens. Dabei sind sie nicht - wie häufig in der Öffentlichkeit dargestellt - ausschließlich als etwas Negatives anzusehen. Jede Krise bietet auch eine Chance für die Organisation, sich weiterzuentwickeln und sich vor nachhaltigen Schäden zu bewahren.

4.1 Definition Krisenkommunikation

Was ist eine Krise? Diese Frage ist gar nicht so leicht zu beantworten, denn in der Praxis ist die Bestimmung von Krisen nicht nur abhängig von objektiven Gegebenheiten, sondern auch von der subjektiven Interpretation der Betroffenen (vgl. Mast, 2016, S. 404). In einer Annäherung an eine Definition über den Ursprung des Wortes bedeutet das griechische *krísis* ganz einfach „Entscheidung". Eine Krise ist demnach ein Wendepunkt in einer Entwicklung (vgl. Immerschitt, 2015, S. 1). Im Lateinischen kennzeichnet *krisis* den Höhepunkt einer Krankheit, nach dem der Patient entweder gesundet oder stirbt (vgl. Töpfer, 2008, S. 356). Da Menschen sich häufig vor Veränderungen scheuen, werden Krisen in der westlichen Gesellschaft meist negativ-problematisch konnotiert (vgl. Immerschitt, 2015, S. 1).

> **!** Aus Sicht von Unternehmen sind Krisen nicht intendierte und zeitlich begrenzte Situationen, die potenziell schwere Folgen bis hin zur Existenzbedrohung haben können.

Obwohl Krisen sehr komplex sind, folgen sie einer immer gleichen Verlaufsstruktur: Ein Auslöser führt zum Aufbau der Krise (Anlaufphase), der eine mehr oder weniger starke öffentliche Aufmerksamkeit hervorruft. Es folgen ein oder mehrere Höhepunkte und eine Auslaufphase, in der sich die Situation langsam wieder normalisiert. Vier Charakteristika zeichnen Krisen aus (vgl. Mast, 2016, S. 406):

- überraschendes Element (bricht häufig unerwartet aus)
- ungenügende Informationen (erfordert Handeln auf unsicherer Informationsbasis)
- schneller Lauf der Entwicklungen (hohe Dynamik und schnelle Veränderung)
- intensive öffentliche Aufmerksamkeit (gesteigerte Sensibilität für das Handeln der Akteure und mögliche Widersprüche)

Während in Kapitel 4.3 auf die Gefahren von Krisen im Gesundheitswesen eingegangen wird, soll hier zunächst einleitend der Streik des Pflegepersonals als ein potenzieller Krisenherd für Gesundheitsorganisationen geschildert werden.

BEISPIEL 4.1

Im Februar 2019 trat das Pflegepersonal an den Universitätskliniken Düsseldorf, Köln und Essen in einen Warnstreik im Rahmen der Tarifverhandlungen. Einem Bericht des Ärzteblatts zufolge konnten an dem Tag zwar alle lebensnotwendigen Operationen stattfinden. Trotzdem konnte in Köln nur rund ein Viertel der geplanten Operationen durchgeführt werden. Am Universitätsklinikum in Düsseldorf wurde die Gesichtschirurgie für den Zeitraum des Streiks geschlossen. In allen drei Städten sind zahlreiche OP-Termine ausgefallen (vgl. aerzteblatt.de, 2019).

Ein solcher Streik kann mitunter zu einer erheblichen Verunsicherung bei stationären und ambulanten Patienten sowie deren Angehörigen führen. Die Krankenhausleitung sowie Klinikkommunikation stehen neben den organisatorischen Herausforderungen vor der zentralen Aufgabe, alle (potenziell) von dem Streik Betroffenen über Änderungen und Einschränkungen zu informieren und öffentlich zu den durch die Streikenden erhobenen Vorwürfe Stellung zu nehmen.

Eine Krise erzeugt meist Angst und Unsicherheit im Verhalten und Handeln der Akteure der betroffenen Organisation, z. B. in der Geschäftsführung, bei Verantwortlichen der Unternehmenskommunikation, bei Führungskräften oder in deren Umfeld. Die Betroffenen nehmen in Krisensituationen einen erhöhten Zeit-, Entscheidungs- und Handlungsdruck wahr, der sie unter starken Stress setzt.

> „Die Ungewissheit über Ursachen, Folgen und Lösungsmöglichkeiten der Krise führen zum Verlust bzw. zur Erschütterung von geteilten Deutungsmustern, Werten und grundlegenden individuellen Annahmen über die von der Krise betroffene soziale Umwelt von Organisationen bzw. Anspruchsgruppen." (Schwarz; Löffelholz, 2014, S. 1305)

In der Literatur wird von einer „Lähmung der Organisation" gesprochen (vgl. Töpfer, 2008, S. 363). Der Krisenkommunikation kommt in dieser Situation die Aufgabe zu, Orientierung zu geben, indem sie alle relevanten Stakeholder transparent informiert (vgl. Schwarz; Löffelholz, 2014, S. 1304). Personell sind dabei häufig sowohl die Mitarbeiter der internen als auch der externen Kommunikation gefordert. Krisenkommunikation stellt einen wichtigen Bestandteil des Krisenmanagements dar und wird daher auch als Königsdisziplin der Unternehmenskommunikation bezeichnet.

DEFINITION 4.1

„Der Begriff **strategische Krisenkommunikation** bezeichnet das Kommunikationsmanagement von Organisationen zur proaktiven Prävention und Früherkennung von Krisen, Vorbereitung auf Krisen, akuten Bewältigung von Krisen sowie Nachbearbeitung bzw. Evaluation organisationsbezogener Krisenkommunikation." (Schwarz; Löffelholz, 2014, S. 1306)

Das oberste Ziel der strategischen Krisenkommunikation ist, Krisen gar nicht erst akut werden zu lassen und so den **Reputations- und Vertrauensverlust** der Organisation so gering wie möglich zu halten. Kommt es doch zu einer akuten Krisensituation, ist es das Ziel der Kommunikation, „Informationen und Verhaltensinstruktionen im Krisenkontext effektiv zu verbreiten, um Schaden von betroffenen Anspruchsgruppen abzuwenden und sie bei der psychologischen Bewältigung der Krise zu unterstützen" (Schwarz; Löffelholz, 2014, S. 1306).

Strategische Krisenkommunikation ist in jeder Krise relevant, weil das Unternehmen dazu verpflichtet ist, Betroffene zu informieren. Trotzdem ist nicht jede Organisationskrise gleichzeitig eine PR-Krise. Zwar besteht in Krisensituationen die Gefahr eines sprunghaft ansteigenden kritischen Medieninteresses, doch ist dies nicht zwingend der Fall, z. B. wenn gerade andere wichtige Themen auf der öffentlichen Agenda stehen.

Umgekehrt handelt es sich nicht bei jedem PR-Skandal um eine Organisationskrise. Häufig kommt es vor, dass Medien Gerüchte oder Spekulationen aufgreifen, jedoch keine reelle Existenzbedrohung für die Organisation daraus entsteht. Dies trifft sehr häufig auf Social-Media-Krisen - sogenannte Shitstorms - zu (vgl. Puttenat, 2009, S. 15).

4.2 Phasen der Krisenkommunikation

In der Literatur zur strategischen Krisenkommunikation werden vier Phasen mit je eigenen Maßnahmen und Zielen unterschieden.

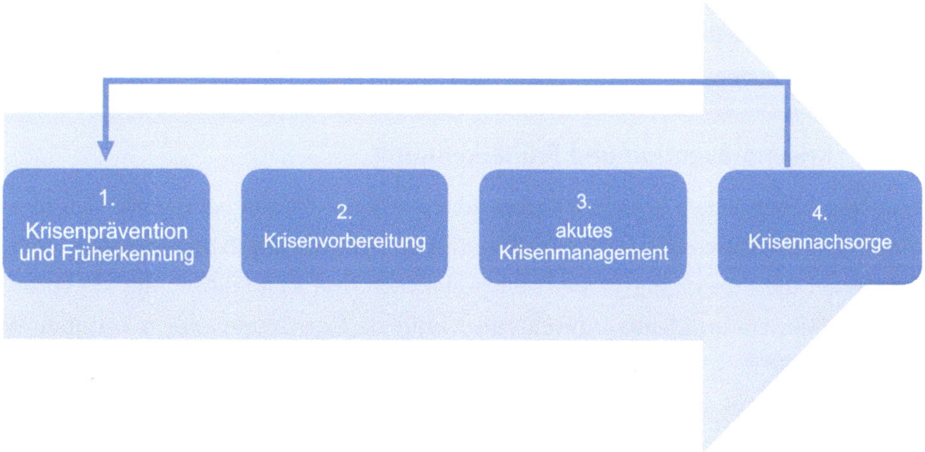

Abb. 4.1: Phasen der Krisenkommunikation (vgl. Schwarz; Löffelholz, 2014, S. 1306)

1. **Prävention und Früherkennung von Krisen:** Das beste Krisenmanagement ist jenes, das jede Krise bewältigt, bevor sie zu einer wird. Das ist zwar in der Realität nicht immer möglich, doch können Organisationen zahlreiche Krisen abwenden, indem sie ihre Umwelt und aktuelle Trends systematisch beobachten.
2. **Krisenvorbereitung:** Bei Ausbruch einer Krise steigt der Zeit- und Entscheidungsdruck. Entsprechend sollten alle Strukturen und Prozesse, die bereits vor Ausbruch der Krise definiert werden können, für diesen Fall festgelegt und vorab trainiert werden.
3. **akutes Krisenmanagement:** Nach Ausbruch der Krise sind schnelle Entscheidungen sowie eine transparente und widerspruchsfreie Information aller Betroffenen gefragt, um den Reputationsschaden für die Organisation möglichst gering zu halten.
4. **Krisennachsorge:** Ist die Krise überstanden, besteht für die Organisation die Chance, einen krisenbedingten Lernprozess zu beginnen. Die Erkenntnisse aus dem Evaluationsprozess fließen in die Krisenprävention und -vorbereitung ein.

Im Folgenden werden die vier Phasen der strategischen Krisenkommunikation ausführlich beleuchtet.

4.2.1 Krisenprävention und Früherkennung

Nur in seltenen Fällen kommen Krisen überraschend. Häufig bahnen sie sich über lange Zeit an. Durch die Implementierung von **Frühwarnsystemen** können Organisationen die Entstehung von Krisen beobachten und sich taktisch auf sie vorbereiten - oder sie im Idealfall durch entsprechende Gegenmaßnahmen verhindern. Drei Instrumente spielen in der Krisenprävention eine zentrale Rolle (vgl. Schwarz; Löffelholz, 2014, S. 1307 f.):

- **Issues-Management** ist das Identifizieren, Beobachten und Erfassen von für die Organisation relevanten Themen (Issues). Ein wichtiger Bestandteil des Issues-Managements ist es, Krisensignale zu definieren, nach denen die Organisationsumwelt systematisch gescannt wird.

- **Reputationsmanagement** ist der Aufbau von Reputation. Organisationen mit einer hohen Reputation verfügen über einen Vertrauensvorschuss bei einzelnen Stakeholdern oder in der Öffentlichkeit. Dies schützt die Organisation vor voreiligen Schuldzuweisungen und einer Skandalisierung im Krisenfall.
- **Risikokommunikation** stellt die Sensibilisierung und Vorbereitung von Stakeholdern für einen Krisenfall dar. Indem Organisationen bereits frühzeitig alle notwendigen Informationen für ein verantwortungsbewusstes Handeln im Krisenfall - z. B. bei Epidemien - zur Verfügung stellen, kann der Verlauf der Krise abgeschwächt werden.

Die Krisenprävention unterscheidet endogene und exogene Ursachen für Organisationskrisen (vgl. Immerschitt, 2015, S. 9): Im ersten Fall handelt es sich um kritische interne Ereignisse, die sich beispielsweise aus dem Qualitäts-, Risiko- und Beschwerdemanagement ergeben können. Endogene Krisen bahnen sich häufig über einen längeren Zeitraum an. Zur zweiten Kategorie gehören externe (exogene) Einflüsse wie Naturkatastrophen oder kritische Themen, die Gegenstand eines öffentlichen Diskurses sind. Auch sie können sich auf das unternehmerische Handeln auswirken und mitunter überraschend eintreten.

Tabelle 4.1 zeigt eine Auflistung von typischen Issues, die schnell öffentliche Aufmerksamkeit erregen und somit Krisenpotenzial für Organisationen bergen.

Tab. 4.1: Übersicht möglicher Auslöser für Krisen (vgl. Immerschitt, 2015, S. 14)

Bereich	Themen
Gesetze und Auflagen	Qualitätsnormen, Marktbeschränkungen, Finanzierung, Kartellrecht, Umweltschutz, Umweltauflagen, Wettbewerbsrecht, EU-Freizügigkeit, Arbeitsverfassung, TTIP, Complianceregeln, soziale Verantwortung
Geschäftsprobleme	negatives Geschäftsergebnis, Produktprobleme, Investitionen, Bauvorhaben, Transport, Werkverträge, Qualitätsnormen, Bürgerinitiative, Diebstahl geheimer Informationen, Patientenrechtsverletzungen, Softwarepiraterie, Verlust eines bedeutsamen Kunden
Kunden/ Lieferanten	Beschwerden, Diebstahl, Kidnapping, Kündigung der Geschäftspartnerschaft, Lieferengpässe, Zahlungsausfälle, Insolvenzen, Auszeichnungsfehler

Bereich	Themen
Produktions-prozesse	Produktionssicherheit, schlechte Produkt- und Dienstleistungsqualität, unterbrochene Lieferkette, Fehler von Subunternehmern, IT-, Telekommunikations- oder Stromausfall, Internetkriminalität, Transporte, Naturkatastrophen
Mitarbeiter	größere Anzahl an Kündigungen, gewerkschaftliche Maßnahmen, Trennung von Führungskräften, prekäre Arbeitszeit, Arbeitsunfälle, Hygiene, Fehlverhalten von Managern, kriminelle Handlungen, Sabotage, Gewalt am Arbeitsplatz
Umwelt-schutz	Abfälle, Unfälle mit Umweltbeeinträchtigung, Abwasser, Entsorgung, Abgase, Witterungseinflüsse

ÜBUNG 4.1

Gehen Sie Tabelle 4.1 durch und überlegen Sie, welche dieser potenziellen Problemfelder auch auf Ihre Organisation zutreffen. Welche weiteren Issues können Sie ergänzen?

Organisationen sind unterschiedlich anfällig für Krisen. Bestimmte Branchen wie der Energiesektor und die Tabakindustrie haben kein positives Image und sind deswegen stärker gefährdet. Andere Branchen produzieren Güter mit besonders hoher Sensibilität - z. B. Gesundheit, Ernährung - und stehen deswegen unter besonderer Beobachtung von Gesellschaft und Medien. Für diese Organisationen ist ein strategisches Krisenmanagement umso wichtiger (vgl. Immerschitt, 2015, S. 4).

Darüber hinaus sollten sich alle Organisationen - unabhängig von ihrem Krisenpotenzial - kontinuierlich und offen mit ihren Fehlern und (potenziellen) Risiken auseinandersetzen.

Menschen versuchen häufig, negativen Themen aus dem Weg zu gehen und sie zu verdrängen. Diese „gefährliche Mischung aus Betriebsblindheit und mangelndem Problembewusstsein" (Immerschitt, 2015, S. 9) führt jedoch im Ernstfall zur angesprochenen Lähmung der Organisation. Wer sich hingegen auch in ruhigen Zeiten mit möglichen Krisen beschäftigt, verfügt später über einen größeren Handlungsspielraum (vgl. Mast, 2016, S. 405).

4.2.2 Krisenvorbereitung

Auch nach der Implementierung einer systematischen Krisenprävention wird es Organisationen nicht gelingen, die Gefahr einer Krise gänzlich abzuwenden. Denn, wie schon erwähnt, sind Krisen ein natürlicher Bestandteil des Lebens und tragen auch dazu bei, dass Organisationen in der Zukunft noch robuster und erfolgreicher werden. Aus diesem Grund ist es für jede Organisation empfehlenswert, sich auf den Ernstfall vorzubereiten. Natürlich ist es nicht möglich, alle denkbaren Krisensituationen vorauszuplanen. Dennoch können das grundlegende Vorgehen und die Verantwortlichkeiten bereits im Vorfeld bestimmt werden (vgl. Mast, 2016, S. 404).

Bei Ausbruch einer Krise steigt der Zeit- und Entscheidungsdruck. Schnelles Handeln und die lückenlose Koordination von Instrumenten zur akuten Krisenbewältigung werden erforderlich. Mit einem strategischen Krisenplan kann nicht nur die Entscheidungsgeschwindigkeit beschleunigt werden, sondern es erhöht sich auch das Sicherheitsgefühl der beteiligten Akteure (vgl. Schwarz; Löffelholz, 2014, S. 1307).

ÜBUNG 4.2

Stellen Sie sich vor, dass während Ihrer Arbeitszeit eine Krise ausbricht. Was sind die ersten Schritte, die Sie als Mitarbeiter einleiten können? Welche Informationen benötigen Sie von wem?

Wir möchten Ihnen bewusst keinen Fall vorgeben. Überlegen Sie sich eine realistische Situation, die für Ihre Organisation bedrohlich werden kann. Beispiele können sein: Verdacht der Veruntreuung von Geldern durch Ihre Geschäftsführung, ein Brand im Dachstuhl Ihres Gebäudes oder drohende Fördermittelrückzahlung wegen nicht sachgerecht verwendeter Mittel.

Krisenstab

In der Praxis hat es sich bewährt, einen **Krisenstab** einzurichten. Die Mitglieder des Krisenstabs sind bereits vorbereitend für die Abläufe in einer möglichen Krisensituation zuständig. Sie entwickeln denkbare Krisenszenarien, erarbeiten strategische Lösungswege und legen Verantwortlichkeiten fest. Im Falle einer tatsächlich eintretenden Krise übernimmt der Krisenstab die Verantwortung während des gesamten Krisenverlaufs (vgl. Immerschitt, 2015, S. 21).

> „Die Aufgaben von Krisenstäben umfassen neben der Erarbeitung, Simulation und Umsetzung des Krisenplans das Treffen angemessener Entscheidungen in der akuten Krisenphase, um Schaden von Betroffenen sowie der eigenen Organisation abzuwenden." (vgl. Schwarz; Löffelholz, 2014, S. 1311)

Die Größe und Zusammensetzung des Krisenstabs sind abhängig von den Gegebenheiten der Organisation. Zur idealen Zusammensetzung liegen kaum Forschungsergebnisse vor. In der Praxis hat sich die Einbindung von fünf bis acht Personen als praktikabel erwiesen. Zu viele Mitglieder führen zu Zeitverzögerungen durch zusätzliche Abstimmungsrunden (vgl. Immerschitt, 2015, S. 21). Neben der Geschäftsführung selbst sollte der Krisenstab zudem mit Mitgliedern aus verschiedenen Bereichen der Organisation besetzt sein, um verschiedene Problemlösungskompetenzen zu verbinden. Dies können u. a. die Bereiche Recht, Sicherheit, Kommunikation und Qualitätskontrolle sein. Im Einzelfall kann es auch sinnvoll sein, Mitglieder aus den Bereichen IT und Personal in den Krisenstab aufzunehmen (vgl. Schwarz; Löffelholz, 2014, S. 1311).

Krisenhandbuch

Das wichtigste Arbeitsmittel des Krisenstabs ist das Krisenhandbuch. In ihm sind wichtige Abläufe, Kontakte und Vorkehrungen niedergeschrieben. Auf Grundlage des Krisenhandbuchs kann der Krisenstab einen koordinierten und reibungslosen Ablauf gewährleisten und schnelle Entscheidungen treffen (vgl. Immerschitt, 2015, S. 17).

DEFINITION 4.2

„Ein Krisenhandbuch ist ein betriebliches Regelwerk, das als Orientierungshilfe für die Handhabung von möglicherweise eintretenden Krisen dient." (Immerschitt, 2015, S. 17)

Folgende Schritte müssen im Krisenfall sofort eingeleitet werden und sollten daher Bestandteil eines Krisenhandbuchs sein:

- **Rollen:** Wer übernimmt welche Aufgabe? Wer sitzt im Krisenstab und wer bildet das Expertengremium? Die Kontaktdaten von internen Experten und Spezialisten sind Bestandteil des Krisenhandbuchs (vgl. Mast, 2016, S. 416).
- **Prozesse:** Wer darf Inhalte freigeben? Welcher Akteur hat welchen Entscheidungsspielraum? (vgl. Immerschitt, 2015, S. 39)
- **Kommunikatoren:** Wer spricht mit wem? Es sollte hier festgelegt werden, welche Sprachregelungen für Geschäftsführer, Pressesprecher und Experten für Talkrunden gelten sollen (vgl. Mast, 2016, S. 416).
- **Adressaten:** Wer sind relevante Anspruchsgruppen? Die Kontakt- und Verteilerlisten zur schnellen Ansprache werden im Handbuch bereitgestellt (vgl. Mast, 2016, S. 414).

Außerdem gehören regelmäßige **Krisenübungen** und **Medientrainings** für das Management zu einer effektiven Krisenvorbereitung. Auch exzellente Führungskräfte sind häufig unerfahren in Krisensituationen und daher schnell überfordert (vgl. Töpfer, 2008, S. 381). Die Mitglieder des Krisenstabs und weitere zentrale Akteure proben den Ernstfall und gewinnen damit Handlungssicherheit und -flexibilität (vgl. Schwarz; Löffelholz, 2014, S. 1311). Teil eines guten Krisenkommunikationstrainings sind Rollenspiele mit Interviewsituationen, in denen sich die Unternehmenssprecher hartnäckigen Journalistenfragen stellen müssen. Andernfalls lassen sich gerade unerprobte Sprecher im Ernstfall schnell zu unüberlegten Äußerungen hinreißen (vgl. Töpfer, 2008, S. 381).

Schließlich ist die Bereitstellung von Internetseiten für den Notfall Bestandteil der Krisenvorbereitung. Auf sogenannten **Dark Sites** (inaktiven Internetseiten) können alle wichtigen Informationen für verschiedene Krisenszenarien mit erwartetem großem öffentlichen Interesse vorbereitet werden. Tritt der Krisenfall ein, muss der Verantwortliche die Informationen nur noch an die aktuellen Gegebenheiten anpassen und kann die Dark Site schnell publizieren. Sie wird im Krisenfall anstelle der Startseite angezeigt, ist meist in gedeckten Tönen gestaltet und gibt in erster Linie kurze, klare Auskunft zum Krisenvorgang und zu Kontaktpersonen (vgl. Schwarz;

Löffelholz, 2014, S. 1311). Typische Krisenfälle, bei denen eine Dark Site angebracht ist, sind z. B. Unfälle mit Personenschaden, bei denen die Angehörigen nach Informationen suchen, Gesetzesänderungen, die zu einschneidenden Veränderungen des Produktportfolios führen, oder Produktionsfehler, die zu bundesweiten Rückrufaktionen führen.

4.2.3 Krisenkommunikation in der Akutphase

Die akute Krisenphase „betrifft alle Ereignisse und Maßnahmen, die nach dem von der Organisation beobachteten Beginn der Krise stattfinden und auf die kommunikative Begleitung der Krise bzw. Eindämmung ihrer als negativ eingestuften Folgen gerichtet sind" (Schwarz; Löffelholz, 2014, S. 1307). Die Hauptaufgabe des Kommunikationsverantwortlichen ist es, die Informationsinhalte abzustimmen und eine regelmäßige Kommunikation mit den Stakeholdern sicherzustellen (vgl. Mast, 2016, S. 412).

Häufige und durchaus menschliche Verhaltensweisen bei Ausbruch einer Krise sind Verweigerung und Schock.

Betroffene spüren den steigenden Entscheidungsdruck und reagieren darauf oft mit Verteidigungstaktiken und „Scheuklappen" (vgl. Immerschitt, 2015, S. 32). Diese Verhaltensmuster sollten die Verantwortlichen möglichst schnell durchbrechen, um mit der Krisenbewältigung beginnen zu können. Zu Beginn der Krise sollte zunächst abgewägt werden, ob eine proaktive oder eine reaktive Kommunikationsstrategie gewählt wird.

Entscheidet sich das Kommunikationsteam in Absprache mit der Geschäftsführung, nicht aktiv auf Mitarbeiter und Medien zuzugehen, überlassen sie die Interpretationshoheit anderen Akteuren. Journalisten werden beginnen, sich anderweitig Zugang zu Informationen zu verschaffen (vgl. Töpfer, 2008, S. 364). Laut Mast (2016, S. 410) gibt es nur wenige Situationen, in denen eine rein reaktive Kommunikationsstrategie angebracht ist. Darunter zählt Mast Situationen, in denen Menschenleben durch das Schweigen geschützt werden, oder Situationen, in denen aufgrund anderer öffentlicher Themen nicht davon auszugehen ist, dass die Organisationskrise von den Medien aufgegriffen wird (vgl. Mast, 2016, S. 410). Beispielsweise kann es während einer Fußballweltmeisterschaft im eigenen Land angebracht sein, im Sinne der eigenen Organisation eher zu schweigen, da sehr viele Menschen und die Medien das Fußballturnier verfolgen.

In den meisten Fällen sollte das Credo jedoch lauten, schnell und widerspruchsfrei mit *einer* Stimme zu sprechen. Die Verantwortlichen sollten spätestens eine Stunde nach Ausbruch der Krise zum ersten Mal kommunikativ aktiv werden (vgl. Immerschitt, 2015, S. 40). Dabei muss nicht unbedingt der Pressesprecher vor die Medien treten. Mitunter kann ein thematischer Experte der Organisation glaubhafter wirken. Damit signalisiert die Organisation Verantwortungsbewusstsein und dass ihr viel an der Bewältigung der Krise liegt. Die Vermittlung konsistenter Botschaften verhindert zudem den Verlust von Glaubwürdigkeit, genau wie Offenheit und Transparenz (vgl. Schwarz; Löffelholz, 2014, S. 1312).

> Das Credo der akuten Krisenkommunikation lautet: Kommunizieren Sie schnell, widerspruchsfrei und mit *einer* Stimme.

Reaktive Maßnahmen können zur Vorbereitung der aktiven Krisenkommunikation behilflich sein, sollten jedoch schnellstmöglich mit proaktiven Maßnahmen verbunden werden (vgl. Immerschitt, 2015, S. 40). Tabelle 4.2 zeigt eine Gegenüberstellung typischer proaktiver und reaktiver Kommunikationsmaßnahmen.

Tab. 4.2: Proaktive und reaktive Maßnahmen der Krisenkommunikation (vgl. Mast, 2016, S. 410)

proaktive Maßnahmen	reaktive Maßnahmen
▪ Online-Informationen (Dark Site, Kurzmeldung auf Social Media) ▪ Ad-hoc-Meldungen ▪ Medieninformationen ▪ Journalisten-Einzelgespräche ▪ Pressekonferenzen ▪ bezahlte redaktionelle Beiträge ▪ Mitarbeiterinformationen ▪ Einrichtung einer (kostenlosen) Telefonhotline ▪ Bürgerinformationen ▪ Informationsgespräche mit relevanten Entscheidern und Multiplikatoren	▪ Monitoring der Medien ▪ Vorbereitung von Medieninformationen, Argumentarien und Frage-Antwort-Katalogen ▪ Erarbeiten von Instruktionen für die Mitarbeiter im Kundenkontakt ▪ Kontrolle der Vollständigkeit der Kontaktdaten wichtiger Stakeholder und Experten

Da nur die wenigsten Organisationen ausreichend Kapazitäten haben, um alle Anspruchsgruppen gleichzeitig zu kontaktieren, muss der Krisenstab sich entscheiden, welche Gruppe zuerst informiert werden soll.

Die Grundregel lautet: Je stärker der Betroffenheitsgrad, desto dringlicher der Handlungsbedarf. Direkt Betroffene stehen an erster Stelle - und zwar idealerweise persönlich (vgl. Immerschitt, 2015, S. 41). Eine Personengruppe sollten dabei immer vor allen anderen informiert werden: die eigenen Mitarbeiter (vgl. Immerschitt, 2015, S. 36). Sobald die Kommunikation mit den betroffenen Stakeholdern angestoßen ist, können die Eigenmedien dazu genutzt werden, um die breite Öffentlichkeit zu informieren.

Typische Fehler der Krisenkommunikation

- versuchen, dramatische Bilder zu verharmlosen (Bilder, die eine Krisensituation dokumentieren, sind meist beeindruckender als Worte)
- eigene Verantwortung verweigern und andere verantwortlich machen
- Gegenvorwürfe erheben
- Geschehnisse bagatellisieren
- Krise vorschnell bewerten

Krisen haben oft einen hohen Nachrichtenwert, beispielsweise durch einen großen Schaden, eine große Anzahl von Betroffenen oder weil das Ereignis unvorhergesehen eingetroffen ist.

DEFINITION 4.3

Nachrichtenwert meint die Wahrscheinlichkeit, dass ein Ereignis von den Medien für die Berichterstattung aufgegriffen wird (vgl. Galtung; Ruge, 1965).

Aus diesem Grund erhalten Organisationen in Krisensituationen mit großer Wahrscheinlichkeit innerhalb sehr kurzer Zeit die Aufmerksamkeit der Medien (vgl. Schwarz; Löffelholz, 2014, S. 1305). Sobald dies der Fall ist, sollten die Verantwortlichen auf eine rasante Beschleunigung des Krisenverlaufs vorbereitet sein. Der zunehmende Wettbewerbsdruck zwischen den journalistischen Medien verführt einzelne Journalisten immer wieder dazu, ungeprüfte Informationen zu veröffentlichen (vgl. Mast, 2016, S. 413). Ab diesem Zeitpunkt liegt die Kommunikation mit den Medien bei der Geschäftsführung (vgl. Immerschitt, 2015, S. 23).

Die Organisationen sollten sich dann bei der Information der Medien auf die Fakten und die Kommunikation ihrer nächsten Schritte beschränken. Wichtig ist es, nur Ankündigungen zu machen, die die Organisation auch einhalten kann. Der nächste Zeitpunkt, an dem weitere Informationen über den Fortgang der Krisenbewältigung folgen, sollte stets mitgeteilt werden. Ebenso wichtig sind Ansprechpartner für Journalisten, Angehörige und Anwohner. Falls es notwendig ist, müssen die Ansprechpartner auch sieben Tage die Woche rund um die Uhr für Rückfragen zur Verfügung stehen, um die Unsicherheit der Anspruchsgruppen zu minimieren (vgl. Immerschitt, 2015, S. 43).

> **!** Allgemein gilt: Wenn Sie Kommunikationsangebote machen, müssen Sie sicherstellen, dass diese auch erreichbar sind.

Dauerhaft belegte Telefonleitungen oder fehlende Antworten auf E-Mails widersprechen diesem Anspruch. Wenn der Ansturm zu groß wird, können zunächst vorgefertigte Antworten auf Internetseiten mit weiterführenden Informationen verweisen oder Anrufer nach wenigen Minuten gebeten werden, sich erneut zu melden, damit auch andere Interessenten die Möglichkeit haben, ihre Fragen zu stellen. Das entbindet die Organisation jedoch nicht von der Verantwortung, vollumfängliche Antworten auf Anfragen zu geben. Typische Standardantworten, wie sie von Versandhäusern oder Behörden bekannt sind, in denen dem Schreiber für den Hinweis gedankt wird, sind hingegen keine guten Beispiele für gelungene (Krisen-)Kommunikation.

4.2.4 Nachsorge der Krise

Ist die Krise bewältigt, haben die öffentlichen Diskussionen ein Ende gefunden und ist die emotionalisierende Medienberichterstattung abgeebbt, dann kann die Krisennachsorge beginnen (vgl. Schwarz; Löffelholz, 2014, S. 1307). Jetzt ist der richtige Zeitpunkt, um ohne Handlungsdruck das Vorgehen während der Krise zu reflektieren und einen Lernprozess in der Organisation zu starten (vgl. Mast, 2016, S. 413).
Die Krisennachsorge verfolgt drei Ziele (vgl. Schwarz; Löffelholz, 2014, S. 1315):

1. **instrumentelle Perspektive:** Evaluation der eingesetzten Krisenkommunikationsstrategien, Instrumente und Infrastruktur durch Analyse der Dokumente, Protokolle und Berichterstattung über die Krise
2. **institutionelle Perspektive:** Ermöglichung von Lernprozessen zur Verbesserung der künftigen Krisenprävention, -vorbereitung und -bewältigung

3. **symbolisch-relationale Perspektive:** Anschlusskommunikation mit Stakeholdern, ggf. Hinweise zu Entschädigungen, symbolische Maßnahmen zur zukünftigen Vermeidung solcher Fehler

> **!** Bei der Evaluation der Wirksamkeit einzelner Kommunikationsmaßnahmen stellt die erhoffte Wirkung den Soll-Wert dar. Sie wird mit dem tatsächlich erreichten Zustand (Ist-Wert) verglichen.

Zur Messung des Gesamterfolgs der Krisenkommunikation bietet sich eine Befragung der wichtigen Anspruchsgruppe an. Durch die Erfassung der Einstellung der Stakeholder zum Unternehmen wird deutlich, ob die durchgeführten Krisenmaßnahmen in der Lage gewesen sind, die Reputation und das Vertrauen in die Organisation während der Krise zu bewahren (vgl. Töpfer, 2008, S. 395).

> „Wenn es dem Unternehmen gelingt, durch ein effektives Krisenmanagement und eine gute Krisenkommunikation nicht nur das ursprüngliche Niveau an Vertrauen und positivem Image zurückzugewinnen, sondern es sogar noch zu steigern, dann ist dies die höchste Anerkennung für eine erfolgreiche Krisenbewältigung." (Töpfer, 2008, S. 396)

4.3 Gefahr von Krisen im Gesundheitsbereich

Gesundheitseinrichtungen gehören zu den krisensensiblen Organisationen, da sie mit der Verantwortung für Menschenleben und ethischem Handeln in Verbindung stehen.

Laut einer Studie der SRH Berlin rangieren die folgenden Krisenanlässe unter den fünf häufigsten Auslösern für Krisen im Gesundheitswesen (vgl. Ernst, 2015):

- Fachkräftemangel
- systematisches Auftreten von Hygienemängeln
- akuter Personalausfall infolge einer Pandemie
- Rufschädigung
- Brand

Über die deutschlandweit verbreiteten Herausforderungen durch akuten Personalmangel hinaus verfügt jede Gesundheitseinrichtung über spezifische Rahmenbedingungen, die potenzielle Krisenursachen darstellen können (vgl. Günther, 2015). So muss jede Gesundheitseinrichtung auf Basis ihrer angebotenen Dienstleistungen, ihrer geografischen Lage und aktueller gesellschaftlicher sowie Branchenentwicklungen eigene Krisenszenarien definieren.

Die Krisenkommunikation von Gesundheitsorganisationen unterscheidet sich nicht von der anderer Organisationen, denn als höchstes Ziel gilt es, die Reputation und Glaubwürdigkeit der Einrichtung zu sichern (vgl. Günther, 2015). Denkbar sind folgende Krisenszenarien: Hygienemängel, Gesetzesänderungen, die zu erheblichen Kürzungen in der Pflege oder Versorgung von Patienten führen, Diebstähle, Hacking-Angriffe auf Patientendaten oder medizinische Behandlungsfehler. Auch bei Gesundheitseinrichtungen sind Geschwindigkeit, Transparenz und Konsistenz in der Krisenbewältigung gefragt.

ÜBUNG 4.3

Lesen Sie aufmerksam das folgende Beispiel 4.2 vom Universitätsklinikum Schleswig-Holstein und überlegen Sie, welche Fehler das Klinikum in der Krisenkommunikation gemacht hat. Zur Unterstützung können Sie die Regeln der akuten Krisenkommunikation heranziehen.

BEISPIEL 4.2

Das Universitätsklinikum Schleswig-Holstein (UKSH) in Kiel stand wegen des multiresistenten Keims *Acinetobacter baumannii* im Mittelpunkt der Aufmerksamkeit. Insgesamt 31 Intensivpatienten hatten sich über einen Zeitraum von mehreren Wochen mit dem Keim infiziert.

Ein 74-jähriger Mann hatte den Keim am 11. Dezember 2014 aus seinem Türkeiurlaub ins UKSH eingeschleppt. Das UKSH veröffentlichte am 23. Januar 2015 eine Pressemitteilung, in der erklärt wurde, dass der Keim bei zwölf Patienten nachgewiesen werden konnte und die Aufnahme von Notfallpatienten bis auf Weiteres gestoppt wurde. Gleichzeitig wurde mitgeteilt, dass sich bereits vor Januar drei Patienten infiziert hatten, die erste Phase der Übertragung jedoch abgeklungen und nun der Keim erneut ausgebrochen sei.

Auf Nachfrage seitens der Presse wurde mitgeteilt, dass fünf der infizierten Patienten verstorben seien und nicht definitiv ausgeschlossen werden konnte, dass der Erreger die Ursache war. Aus der Pressemitteilung des UKSH Kiel ging zudem hervor, dass das Klinikum proaktiv auf die Öffentlichkeit zugehen wolle. Alle zwei Tage wurde eine Pressekonferenz zur aktuellen Situation und zur Isolierung der Keimträgerpatienten einberufen. Die Pressekonferenzen wurden über einen Livestream auf NDR.de übertragen.

Des Weiteren sollte die andauernde Verunsicherung der Patienten durch eine sogenannte FAQ-Rubrik auf der Website des UKSH Kiel gebannt werden. Am 29. Januar fand zudem ein Informationsabend im Hörsaal des Klinikums für Angehörige statt, der jedoch nur sehr dürftig besucht wurde.

Trotz der Bemühungen weiteten sich die Bedenken so weit aus, dass umliegende Reha-Einrichtungen und andere Krankenhäuser Patienten des UKSH Kiel nicht mehr aufnehmen konnten und Notfallpatienten nicht ins Klinikum eingeliefert werden wollten.

HINWEIS

Für eine weiterführende Betrachtung der Krisenbewältigung im Gesundheitswesen mit einer Fallstudie am Beispiel eines Krankenhauses wird empfohlen:
Ullrich, T. W.; Brandstädter, M. (2016). *Krisenkommunikation – Grundlagen und Praxis: Eine Einführung mit ergänzender Fallstudie am Beispiel Krankenhaus.* Stuttgart: Kohlhammer.

Zusammenfassung

Krisen sind zeitlich begrenzte Ereignisse mit einem überraschenden Moment und einer hohen Dynamik, die einem immer gleichen Verlauf folgen: Nach einer Anlaufphase folgt ein Höhepunkt, der zum Auslauf der Krise führt. Krisen stellen Extremsituationen dar, die nicht nur Gefahren, sondern auch Chancen für Organisationen mitbringen. Gesundheitsorganisationen sind besonders anfällig für Krisen, weil sie mit zahlreichen sensiblen Themen wie Menschenleben und Hygiene verknüpft sind.

Um auf Krisen angemessen zu reagieren, ist ein Krisenmanagement unerlässlich. Dieses kann in vier Phasen unterteilt werden: Krisenprävention, Krisenvorbereitung, akutes Krisenmanagement und Krisennachsorge.

Krisen entstehen meist nicht von jetzt auf gleich. Viele Krisen bahnen sich über einen längeren Zeitraum an. Durch ein systematisches Issues-Management können viele potenzielle Krisen frühzeitig identifiziert und teils verhindert werden. Mit Ausbruch der Krise steigt der Handlungsdruck für die Organisation. Die Festlegung von Verantwortlichkeiten und Vorbereitung von Dokumenten beschleunigen den Entscheidungsprozess im Krisenfall. Im akuten Krisenfall verspüren die Betroffenen enormen Stress, der bis zur Lähmung der Handlungsautonomie führen kann. Aufgabe der Krisenkommunikation ist es in dieser Situation, Orientierung und Transparenz zu bieten. Dazu muss die Kommunikation im Krisenfall schnell, widerspruchsfrei und transparent ablaufen. Erfolgreiche Krisenkommunikation reduziert den Reputations- und Vertrauensverlust auf ein Minimum.

Aufgaben zur Selbstüberprüfung

AUFGABE 4.1

Was ist ein Krisenhandbuch? Welche Informationen sollten in diesem unbedingt erfasst werden?

AUFGABE 4.2

Wen informieren Sie im Krisenfall zuerst? Warum ist dies wichtig?

AUFGABE 4.3

Nennen Sie zwei mögliche Ursachen für Krisen im Gesundheitswesen und erklären Sie eine davon näher anhand eines selbstgewählten Beispiels.

AUFGABE 4.4

Erklären Sie mithilfe der Nachrichtenwerttheorie, warum das Ereignis „Hund beißt Mann“ kaum zur Meldung wird, das Ereignis „Mann beißt Hund“ hingegen schon.

5 Controlling der Unternehmenskommunikation

Nachdem Sie dieses Kapitel bearbeitet haben, können Sie erklären, warum Kommunikationsmaßnahmen durch ein begleitendes und rückwirkendes Controlling überwacht werden müssen. Sie können Kennzahlen und Instrumente für die Überwachung benennen und ihre Aussagekraft kritisch bewerten.

5.1 Kommunikationscontrolling

Gesundheitseinrichtungen werden sich zunehmend der Bedeutung von professionellen Kommunikationsstrukturen, -mitarbeitern und -aktivitäten bewusst. Mit steigenden Investitionen und Budgets beginnt für Kommunikationsverantwortliche auch die Rechenschaftspflicht. Die Unternehmensführung drängt zu einer Kosten- und Leistungskontrolle, um den ökonomischen Beitrag der Unternehmenskommunikation zum Unternehmenserfolg transparent darzustellen. Sie fordert kennzahlengestützte Steuerungs- und Kontrollsysteme, wie sie in anderen Unternehmensbereichen schon lange etabliert sind (vgl. Zerfaß, 2008a, S. 537).

Über die reine Rechenschaftspflicht hinaus gewinnt eine systematische Kontrolle der Kommunikationsprozesse und -aktivitäten aus zwei weiteren Gründen an Bedeutung für die Unternehmenskommunikation:

Zum einen verschmelzen die Aufgabenfelder von Unternehmenskommunikation - Marketing, Personalmanagement und Vertrieb - zunehmend miteinander. Die Unternehmenskommunikation steht innerhalb der Organisation in einem Wettbewerb um Budgets und Handlungsspielräume. Der Nachweis des Wertschöpfungsbeitrags dient Kommunikationsverantwortlichen als Argumentationsgrundlage zur Abgrenzung von anderen Abteilungen (vgl. Rolke; Zerfaß, 2014, S. 864).

Zum anderen ist Aufmerksamkeit ein knappes Gut, das durch die zunehmende Vielfalt an Kommunikationsangeboten und neuen Informationstechnologien immer knapper wird. Für die Unternehmenskommunikation steigt damit die Herausforderung, Ressourcen effektiv einzusetzen und Kommunikationsaktivitäten effizient auszuwählen und zu gestalten. Eine begleitende Prozess- und anschließende Wirkungskontrolle dient Kommunikationsverantwortlichen als Entscheidungsgrundlage für zukünftige Maßnahmen (vgl. Rolke; Zerfaß, 2014, S. 864).

Zusammenfassend hat ein umfassendes **Kommunikationscontrolling** folgende **Funktionen** (vgl. Rolke; Zerfaß, 2014, S. 871):

- Kommunikations- und Managementprozesse sowie deren Verbindung mit den Unternehmenszielen analysieren
- Prozesse und Ergebnisse transparent darstellen
- Fehlerquellen antizipieren
- Messgrößen definieren
- Evaluationsmethoden auswählen
- Zielerreichung durch die Informationsbereitstellung unterstützen

> Kommunikationscontrolling ermöglicht es Kommunikationsverantwortlichen, die gesamte Unternehmenskommunikation zielgerecht zu steuern und den Wertschöpfungsbeitrag transparent darzustellen (vgl. DPRG; ICV, 2011, S. 5).

Die in der Liste aufgeführten Funktionen des Kommunikationscontrollings lassen sich analytisch in zwei grundlegende Fragekomplexe unterteilen, die verschiedene Facetten fokussieren (vgl. Zerfaß, 2008a, S. 544 f.):

- **strategisches Kommunikationscontrolling:** Aufgabe eines strategischen Kommunikationscontrollings ist es, Erfolgspotenziale für das Kommunikationsmanagement zu identifizieren. Hierbei steht die Effektivität des Kommunikationsmanagements unter der Leitfrage *„Are we doing the right things?"* im Mittelpunkt. Thematisiert werden Strukturen und Prozesse des Kommunikationsmanagements sowie ihre Anbindung an die übergeordnete Unternehmensstrategie.

- **operatives Kommunikationscontrolling:** Das operative Kommunikationscontrolling fokussiert die optimale Ausschöpfung der Erfolgspotenziale, die durch Kommunikation geschaffen werden. Der Maßstab ist die Effizienz der Unternehmenskommunikation („*Are we doing things right?*"). Dies betrifft zunächst die wirkungsvolle Umsetzung von Kommunikationsprogrammen und -kampagnen. Zudem soll mithilfe geeigneter Methoden Transparenz auf der Ebene einzelner Kommunikationsmaßnahmen hergestellt werden.

ÜBUNG 5.1

Überlegen Sie bitte, welche Maßnahmen zur begleitenden Prozesssteuerung und Wirkungskontrolle in Ihrer Abteilung bzw. in Ihrem Team aktuell ergriffen werden. Sortieren Sie diese nach strategischen und operativen Controllingmaßnahmen.

Während der Einsatz eines umfassenden Controllingsystems für die Unternehmenskommunikation in der Theorie zielführend ist, zeigen sich in der Kommunikationspraxis erhebliche Schwierigkeiten bei der Implementierung. Aufgrund der hohen Komplexität der Wirkungszusammenhänge ist der Wertbeitrag der Kommunikation nur schwer zu messen (vgl. Zerfaß; Piwinger, 2014, S. 7). Aus diesem Grund verweist Zerfaß (vgl. 2008b, S. 449) darauf, dass viele Aspekte des Kommunikationscontrollings erst ab einer gewissen Unternehmensgröße sinnvoll seien. Mittlere und kleine Unternehmen könnten schon durch kleine Veränderungen von Steuerungs- und Evaluationsprozessen eine deutliche Effektivitäts- und Effizienzsteigerung ihrer Aktivitäten bewirken (vgl. Zerfaß, 2008b, S. 449 ff.). Beispielsweise durch folgende Methoden:

- **kontinuierliche Optimierung der vorhandenen Methoden:** Die meisten Kommunikationsabteilungen nutzen bereits Checklisten für ihr Budget- und Zeitmanagement bei der Kampagnenplanung. Die Presseresonanz wird regelmäßig beobachtet und Mitarbeiterbefragungen finden von Zeit zu Zeit nach einem vorgegebenen Schema statt. Indem kontinuierlich hinterfragt wird, wie sich diese Prozesse verbessern und verschlanken lassen – z. B. durch den Einsatz von Online-Tools oder das Heranziehen von Dienstleistern – können Zeit und Kosten erheblich gespart werden.
- **Integration von Kennzahlen:** Wie können bisherige Analysen durch aussagekräftige Kennzahlen erweitert werden? Beispielsweise kann das Durchführen einer Imagebefragung eine sinnvolle Ergänzung zur klassischen Medienresonanzanalyse darstellen, um nicht nur Daten zur Qualität der Medienberichterstattung, sondern auch zu ihrer Wirkung auf relevante Stakeholder zu erheben. Hier ist es hilfreich, standardisierte Kennzahlen von Dienstleistern zu verwenden, um eine Vergleichbarkeit mit anderen Unternehmen zu gewährleisten.

Die Einführung eines **strategischen Zieltableaus** mit den wichtigsten Controllingzielen für jeden Bereich des Kommunikationsmanagements sowie die Entwicklung einer **Communications-Scorecard** sind hingegen erst ab einer gewissen Größe der Unternehmenskommunikation sowie mit dem Vorhandensein entsprechender Controllingstrukturen im Unternehmen relevant (vgl. Zerfaß, 2008b, S. 450).

HINWEIS

Im Weiteren wird der Schwerpunkt auf Kennzahlen und Evaluationsmethoden zur Erfolgsmessung im Sinne des operativen Kommunikationscontrollings liegen. Bei Interesse an der Ausgestaltung eines strategischen Kommunikations-Controllings wird der folgende Sammelband empfohlen:

Pfannenberg, J.; Zerfaß, A. (2010). *Wertschöpfung durch Kommunikation: Kommunikations-Controlling in der Unternehmenspraxis.* Frankfurt am Main: Frankfurter Allgemeine Buch.

5.2 Erfolgsmessung in der Unternehmenskommunikation

Den Beitrag von Kommunikation zum ökonomischen Unternehmenserfolg zu messen, stellt eine Herausforderung dar. Wie in den vorangegangenen Kapiteln dargestellt, zielt Unternehmenskommunikation in erster Linie auf die Steigerung immaterieller Werte wie Vertrauen, Reputation und Mitarbeitermotivation ab. In der Praxisliteratur ist daher umstritten, ob eine Umrechnung der Kommunikationswirkung in Geldwerte in jedem Fall möglich und erstrebenswert ist.

BEISPIEL 5.1

Ein bayerisches Rehabilitationszentrum gehört einer bundesweiten Klinikgruppe an. In Niedersachsen sind vermehrt Vorwürfe gegen ein Gesundheitszentrum und eine Fachklinik dieser Gruppe laut geworden. Patienten haben die fachliche Qualität der Behandlung sowie die Hygiene in beiden Einrichtungen bemängelt. Ein Journalist von Spiegel Online hat die Vorwürfe aufgegriffen und einen Artikel über die Unternehmensgruppe geschrieben. Daraufhin haben sich vereinzelte Journalisten und besorgte Angehörige bei dem Pressesprecher des Rehabilitationszentrums in Bayern gemeldet.

Aufgrund der über Jahre aufgebauten guten Beziehung zu den regionalen Medien sowie Lokalpolitikern und Anwohnern verfügt das Rehabilitationszentrum über eine gute Reputation in der Region und der Pressesprecher über persönliche Kontakte zu den Redaktionen des Bayerischen Rundfunks sowie einer großen bayerischen Regionalzeitung. Beide Medien bringen eine Woche nach dem Artikel in Spiegel Online einen ausführlichen Bericht über den neuen, sehr renommierten Facharzt im Rehabilitationszentrum sowie die erst kürzlich abgeschlossene Renovierung der Patientenzimmer. Der Bericht wird von anderen regionalen Medien aufgegriffen. Die besorgten Anrufe lassen nach. Im Gegensatz zu den anderen Einrichtungen der Gruppe verzeichnet das Rehabilitationszentrum keinen Rückgang der Patientenzahlen. Eine Krise für die Einrichtung konnte abgewendet werden.

Einen Monat später bittet der Vorstand den Pressesprecher, zu ermitteln, wie hoch der finanzielle Vorteil für das Rehabilitationszentrum ist, weil die Krise verhindert werden konnte. Dem Pressesprecher liegen aussagekräftige Zahlen dazu vor, wie hoch die Reputation der Einrichtung vor einem Jahr war und wie hoch sie jetzt ist. Aber wie soll er bestimmen, welche Reputation das Rehabilitationszentrum heute hätte, wenn die beiden Beiträge in den bayerischen Regionalmedien nicht erschienen wären? Wäre es zu einer Krise gekommen? Und wenn ja, wie hoch wäre der finanzielle Schaden wirklich gewesen?

Aufgrund des komplexen Zusammenhangs zwischen den Eigenschaften der Kommunikationsmaßnahmen sowie ihrer Wirkung auf Journalisten und Stakeholder liegen nur wenige standardisierte Bewertungsverfahren zur Bezifferung ihres Wertschöpfungsbeitrags vor (vgl. Zerfaß; Piwinger, 2014, S. 7). Viele der existierenden Vorschläge für ein Kommunikationscontrolling greifen in ihrer Darstellung der Wirkungszusammenhänge zu kurz. Die darin vorgeschlagenen Erhebungsmethoden sind sehr zeitaufwendig und zudem kostenintensiv.

Da diese Herangehensweise für die Unternehmensführung jedoch nicht akzeptabel ist, befassen sich seit Mitte der 2000er-Jahre Branchenverbände wie die Deutsche Public Relations Gesellschaft (DPRG) und der Internationale Controller-Verein (ICV) mit der Übersetzung von Kommunikationsergebnissen in monetäre Größen (vgl. Zerfaß, 2008b, S. 437). Mit dem **DPRG/ICV-Bezugsrahmen** präsentierten die beiden Berufsverbände Ende der 2000er-Jahre erstmals einen Bezugsrahmen des Kommunikationscontrollings im deutschsprachigen Raum, der den Anspruch erhebt, den komplexen Prozess der Unternehmenskommunikation transparent darzustellen, die Wirkungsstufen mit Kennzahlen zu versehen und so eine Grundlage für die Beantwortung der Frage nach dem Wertbeitrag der Kommunikation zu bieten (vgl. DPRG; ICV, 2011, S. 5). Dieser Bezugsrahmen stellt seither den Status quo des Kommunikationscontrollings in Deutschland dar.

5.2.1 Wirkungsstufen der Kommunikation

Der Aufbau eines Controllingsystems, das aussagekräftige Zahlen über den Einfluss der Kommunikationsaktivitäten auf den ökonomischen Erfolg einer Organisation liefert, setzt ein Verständnis für die vielschichtigen Wirkungszusammenhänge von Kommunikation voraus. Unternehmenskommunikation kann ihre Wirkung nur dann entfalten, „wenn Mitteilungs- und Verstehenshandlung zusammentreffen" (Zerfaß, 2008b, S. 439). Unternehmenskommunikation ist - wie auch alle anderen Formen der Kommunikation - „ein vielschichtiger Vorgang, der seine Wirkung in mehreren Stufen entfaltet" (Zerfaß, 2008b, S. 440). Es ist nicht ausreichend, dass die Stakeholder mit einem Zeitungsartikel in Kontakt kommen. Sie müssen ihn lesen, die Botschaften verstehen und in einem weiteren Schritt in ein Verhalten übersetzen.

Im Rahmen der Entwicklung des DPRG/ICV-Bezugsrahmens (vgl. Abbildung 5.1) wurden frühere Wirkungsmodelle aus Kommunikationsmanagement, PR und Marketing aufgegriffen, präzisiert und modifiziert (vgl. Rolke; Zerfaß, 2010, S. 50). Zur Darstellung der Wirkung von Kommunikation und ihrer Anbindung an die Unternehmensstrategie unterscheiden die Verfasser die drei Wirkungsstufen Output, Outcome und Outflow (vgl. Zerfaß, 2008b, S. 440). Um die für das Kommunikationscontrolling ebenso relevante Prozesskontrolle zu integrieren, ergänzen sie eine vorgelagerte Input-Stufe, die den Erstellungsprozess abbildet.

So unterscheidet der DPRG/ICV-Bezugsrahmen schließlich vier Wirkungsstufen und sechs Messbereiche zur Abbildung des komplexen Wirkungsprozesses (vgl. Rolke; Zerfaß, 2014, S. 875):

1. Vorbereitung der Kommunikation (Input und interner Output)
2. Kommunikationsprozess als solcher (externer Output)
3. Wirkung der Kommunikation auf Adressaten (direkter und indirekter Outcome)
4. Rückwirkung auf den Kommunikator und die Ziele des Unternehmens (Outflow)

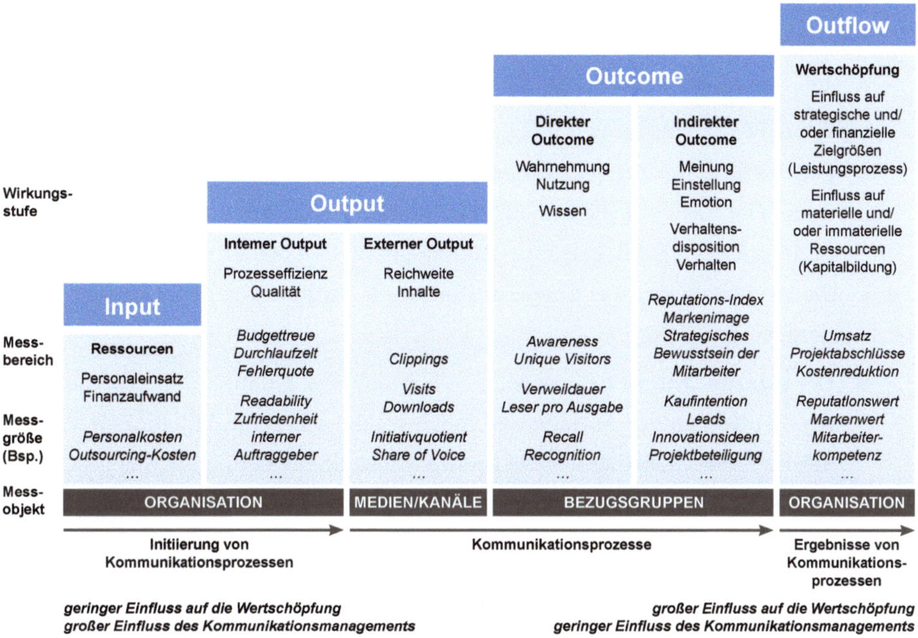

Abb. 5.1: DPRG/ICV-Bezugsrahmen (vgl. DPRG; ICV, 2011, S. 13)

Zur Verdeutlichung der Wirkungsstufen soll Beispiel 5.2 dienen.

BEISPIEL 5.2

Ein Universitätsklinikum eröffnet einen Kindergarten mit 24-Stunden-Betreuung und möchte dies publik machen. Ziel der öffentlichen Darstellung ist es, das Klinikum als familienfreundlichen Arbeitgeber zu positionieren.

Die Presseverantwortlichen des Universitätsklinikums müssen zunächst dafür Sorge tragen, dass die Botschaft die anvisierten Bezugsgruppen - z. B. Mitarbeiter, potenzielle Arbeitnehmer, regionale Politiker und Behörden - erreicht. Hierfür wird eine Pressemitteilung an Journalisten verschickt, die darüber möglicherweise in reichweitenstarken Medien berichten. In der Mitarbeiterzeitung erscheint eine Reportage und das Intranet- und das Internetportal des Klinikums werden genutzt. Eine persönliche Einladung zur Eröffnungsfeier wird an Meinungsführer verschickt. Der **Input** bemisst sich an den Personalkosten für die Erstellung der Kommunikationsmittel sowie an weiteren Kosten, die in diesem Beispiel für den Druck von Einladungskarten und das Catering anfallen können.

- Die Auflistung der Ausgaben ermöglicht die Bewertung der Budgettreue. Der Blick auf die Zahlen zeigt, dass die Verantwortlichen knapp im Budgetrahmen geblieben sind. Zudem gefällt den beiden Geschäftsführern die Veranstaltung. Auf **Ebene des internen Outputs** wurden also alle Zielvorgaben erreicht.
- Der **externe Output** bemisst sich an Umfang und Qualität der redaktionellen Beiträge, an der Auflage und Reichweite der Eigenpublikationen sowie der Zahl der Gäste bei der Eröffnung. Diese Ebene betrachtet das geschaffene Kontaktangebot. Der externe Output ist die Voraussetzung dafür, dass die Botschaften aufgenommen werden können.
- Erst auf der **direkten Outcome-Ebene** wird untersucht, ob die Kommunikationsangebote auch von den Bezugsgruppen wahrgenommen werden. Die Frage ist hier, wie häufig die Zeitungsartikel und Online-Beiträge gelesen werden und ob die Botschaften verstanden werden.
- Von erfolgreicher Kommunikation kann erst gesprochen werden, wenn sie zu einer Veränderung des Wissens, der Meinung oder des Verhaltens der Bezugsgruppen führt. Dies entscheidet sich auf der **Ebene des indirekten Outcomes**. So könnten sich beispielsweise durch das neue Betreuungsangebot mehr hochqualifizierte Fachkräfte bei dem Klinikum bewerben. Oder das Klinikum wird fortan von der Stadt als Aushängeschild für Familienfreundlichkeit in der Region dargestellt.

- Zu einem **Outflow** kommt es nur dann, wenn die Imageveränderung einen Wettbewerbsvorteil für das Klinikum bringt. Dies lässt sich nur unter Einbezug der übergeordneten Organisationsstrategie beantworten. Ein Beispiel dafür kann sein, dass aufgrund des Imagewandels eine Fachärztin an das Universitätsklinikum gekommen ist, die weltweit führend in ihrem Gebiet ist. Durch ihre Reputation zieht sie Patienten aus aller Welt an und steigert damit die jährlichen Patientenzahlen um mehrere Prozent.

Mit dem DPRG/ICV-Bezugsrahmen wurde ein gemeinsames Verständnis für Voraussetzungen, Einflüsse, Wirkungen und Umwandlungen von Kommunikation geschaffen. Zugleich liefert der Bezugsrahmen wichtige Messbereiche, Messgrößen und Messobjekte für die einzelnen Wirkungsstufen (vgl. Rolke; Zerfaß, 2010, S. 53).

Kommunikationsverantwortliche können den Bezugsrahmen als Orientierungshilfe heranziehen und situationsspezifisch auf ihre konkrete Fragestellung anpassen (vgl. Rolke; Zerfaß, 2014, S. 878). Er hilft, verkürzte Schlussfolgerungen auf den Unternehmenserfolg zu vermeiden und eine systematische Wirkungskontrolle mit jeweils spezifischen Kennzahlen und Messinstrumenten aufzusetzen (vgl. Zerfaß, 2008b, S. 445).

5.2.2 Kennzahlen und Evaluationsmethoden

Neben dem gerade aufgezeigten Wirkungsverständnis von Kommunikation bedarf es einer zweiten Voraussetzung, damit der Beitrag der Unternehmenskommunikation zum Unternehmenserfolg messbar wird: konkret formulierte Kommunikationsziele, aus denen Kennzahlen abgeleitet werden können (vgl. Lautenbach, 2014, S. 888).

DEFINITION 5.1

Kennzahlen sind über empirische Verfahren erhobene Messwerte, die relevante Tatbestände prägnant zusammenfassen und Zusammenhänge verdeutlichen.

Beispiele für Kennzahlen in der Unternehmenskommunikation sind: Anzahl der Besucher bei einer Veranstaltung, Anzahl der Abdrucke einer Pressemitteilung oder Anzahl der Seitenaufrufe des Intranets.
Lautenbach (2014, S. 889) benennt folgende Funktionen von Kennzahlen:

- Bewertung des Kommunikationsstatus zu bestimmten Zeitpunkten und im Zeitverlauf
- Erfassen der Wahrnehmung des Unternehmens bei Zielgruppen
- Identifikation von Stärken und Schwächen der Unternehmenskommunikation
- Erhalt von Signalen für Fehlentwicklungen
- Vergleich des eigenen Unternehmens mit anderen

ÜBUNG 5.2

Recherchieren Sie bitte jeweils fünf Kennzahlen für die Evaluation von Presseaktivitäten, Online-Kommunikation (Internetseite und Social Media) sowie Mitarbeiterkommunikation.

Die Auswahl geeigneter Kennzahlen für einen konkreten Sachverhalt ist immer abhängig vom verfolgten **Kommunikationsziel**. Umgekehrt bedeutet dies: Klar definierte Kommunikationsziele sind die Voraussetzung, um Kennzahlen bestimmen zu können (vgl. Lautenbach, 2014, S. 888).

Ziele dienen allen beteiligten Akteuren als gemeinsames Verständnis und Orientierung zur Ausrichtung ihres Handelns. Zur Formulierung klarer – und messbarer – Ziele dient die einfache Formel: SMART.

Ziele sollten immer die folgenden fünf Aspekte beinhalten:

S - spezifisch: möglichst präzise Formulierung des Ziels
M - messbar: Definition von Kriterien für den Erfolg
A - akzeptiert: motivierende Formulierung des Ziels
R - realistisch: Abstimmung des Ziels auf die vorgegebene Zeit und Ressourcen
T - terminiert: Zeitpunkt, zu dem das Ziel erreicht sein soll

BEISPIEL 5.3

Als Beispiel für ein smartes Kommunikationsziel kann folgendes Statement einer Organisation dienen:

„Um die Bekanntheit unseres betrieblichen Gesundheitsprogramms zu erhöhen, wollen wir, dass innerhalb eines Jahres 80 % unserer Mitarbeiter wissen, welche Angebote es in unserem Unternehmen gibt und wie sie sich dafür anmelden können."

Da die Ziele der Unternehmenskommunikation so unterschiedlich sind wie ihre Aufgaben, gibt es kein vorgefertigtes Set an Kennzahlen. Daher ist es sinnvoll, bei der Einführung eines Kommunikationscontrollings ein Portfolio aus Kennzahlen und Methoden festzulegen und situationsspezifisch daraus zu wählen (vgl. Zerfaß, 2008a, S. 544).

Erfolgreiches Kommunikationscontrolling scheitert meist nicht an der Identifikation von Kennzahlen, sondern an der klaren Formulierung von Kommunikationszielen, von denen die Kennzahlen abgeleitet werden können.

Für die Auswertung der Kennzahlen ist ein wichtiges Prinzip wissenschaftlicher Datenerhebung und -auswertung zu beachten: die Logik der Beweisführung. Kennzahlen haben nur dann eine eindeutige Aussagekraft, wenn sie einem Vergleichswert gegenübergestellt werden, d. h., wenn sie mit einer anderen Zahl verglichen werden.

Hierfür gibt es zwei Möglichkeiten: Besonders starke Aussagekraft hat der Vergleich der Kennzahl mit der Ausprägung selbiger Kennzahl zu einem früheren Zeitpunkt. Dies setzt die regelmäßige Erhebung der Kennzahl in der Organisation voraus. Liegen solche internen Vergleichswerte nicht vor, können Kennzahlen von außen herangezogen werden. Dieses Vorgehen eignet sich z. B. bei der Durchführung der ersten Mitarbeiterbefragung. Über eine Onlinerecherche lässt sich leicht herausfinden, wie hoch die durchschnittliche Beteiligung an einer Mitarbeiterbefragung in mittelständischen Unternehmen ist. Diese kann zur Bewertung der Beteiligung in der eigenen Organisation herangezogen werden, so lange keine eigenen Vergleichswerte vorliegen.

BEISPIEL 5.4

Ein Sanitätshaus in Leipzig hat ein neues Ziel definiert: Es möchte häufiger in redaktionellen Beiträgen der Lokalpresse erscheinen. Dafür plant die langjährige Geschäftsführerin Kommunikationsmaßnahmen zur Ansprache lokaler Journalisten. Anschließend möchte sie den Erfolg ihrer Presseaktivitäten messen.

Die Kennzahl, die ihr Auskunft über den Erfolg gibt, ist die Anzahl der lokalen Artikel, in denen das Sanitätshaus erwähnt wird. Sie beginnt, diese zu messen. Dafür bittet sie ihre Sekretärin, täglich die drei wichtigsten Lokalzeitungen zu kaufen und sie nach Beiträgen zu dem Sanitätshaus zu durchsuchen. So erhält sie jeden Tag eine Kennzahl, die sie mit denen der vorangegangenen Tage vergleichen kann. Wenn die Anzahl der Artikel im Laufe der nächsten Monate zunimmt, ist das ein Indikator dafür, dass die Presseaktivitäten erfolgreich waren.

Es würde der Geschäftsführerin hingegen keinen Mehrwert bringen, ausschließlich nach jeder Presseaktivität zu zählen, in wie vielen Artikeln das Thema erwähnt wurde und diese isoliert zu betrachten. Hier fehlt der Vergleichswert, um bestimmen zu können, ob die Nennungen zugenommen haben.

ÜBUNG 5.3

Überlegen Sie sich ein Ziel der internen und ein Ziel der externen Kommunikation für Ihre Organisation. Definieren Sie anschließend Indikatoren, an denen Sie erkennen können, ob das Ziel erreicht wurde.

Zur Erfassung von Kennzahlen stehen den Verantwortlichen alle gängigen Methoden der empirischen Sozialforschung zur Verfügung. Typische Evaluationsmethoden (unterschieden nach Anwendungsbereichen) sind (vgl. Zerfaß, 2008b; Schweiger, 2010; Mathes; Zerfaß, 2010, Fuhlrott; Durst, 2010):

- **medienbezogene Evaluation:** Auszählen von Clippings, Äquivalenzanalyse, Medienresonanzanalyse, Inhaltsanalyse
- **publikumsbezogene Evaluation:** repräsentative oder nicht repräsentative Befragung., Beobachtung – z. B. durch Erhebung der Teilnehmeranzahl einer Veranstaltung oder des Zugriffs und der Verweildauer auf einer Website –, Recall- und Recognition-Test, Eye-Tracking bei Internetseiten
- **imagebezogene Evaluation:** Benchmarking, Stakeholderbefragung, standardisierte Reputationsmessung eines Marktforschungsinstituts

HINWEIS

Häufig ist es effizienter und kostengünstiger, die Erhebung von Kennzahlen an externe Dienstleister auszulagern, als beispielsweise interne Ressourcen bereitzustellen, um täglich alle Medien nach neuen Clippings zu durchsuchen oder eine Marktstudie mit 5.000 Nutzern durchzuführen (vgl. Lautenbach, 2014, S. 896).

Von den großen Markt- und Meinungsforschungsinstituten bis hin zu Medienmonitoring und Analysedienstleistern gibt es in Deutschland eine breite Auswahl an Dienstleistern, die auch internationale Analysen vornehmen.

Aus Sicht der Kommunikationspraxis liegt die Ertragsgrenze des Kommunikationscontrollings dort, wo die Wirkungszusammenhänge zu komplex sind oder der finanzielle Aufwand den Nutzen eindeutig übersteigt (vgl. Mast, 2016, S. 146). Nur Kennzahlen, die in einem zeitlich und finanziell vertretbaren Rahmen empirisch erfasst werden können, bieten auch einen Mehrwert für die Unternehmenskommunikation. Aus diesem Grund sollten die Verantwortlichen genau definieren, welche Aspekte aus ihrer Sicht relevant für das Erreichen des Kommunikationsziels sind (vgl. Zerfaß, 2008a, S. 548).

„Kennzahlen spiegeln (...) immer nur einen Teil der Realität in der Unternehmenskommunikation wider." (Lautenbach, 2014, S. 890)

An dieser Stelle soll einschränkend betont werden, dass der Erfolg der Unternehmenskommunikation meist nicht eindeutig durch Kennzahlen erfasst werden kann. „Die eingeschränkte Beeinflussbarkeit gilt im Übrigen auch für alle anderen Unternehmensbereiche, die Kennzahlen einsetzen und für sich vereinnahmen, obwohl sie sie nicht allein beeinflussen können." (Lautenbach, 2014, S. 890) So ist auch die Wirkung von Kommunikation immer abhängig von weiteren Einflussfaktoren. Eine Kommunikationskampagne kann sehr erfolgreich sein, doch wenn die entsprechenden Produkte erst in acht Wochen lieferbar sind, wird das den Erfolg mindern. Ebenso wirkt sich die private Situation der Mitarbeiter auf deren Motivation aus – unabhängig davon, wie gut diese die Gestaltung der neuen Mitarbeiterzeitung finden.

Erhobene Kennzahlen sollten stets in den entsprechenden Kontext gesetzt und deren Aussagekraft interpretiert werden.

5.3 Erfolgsprognose als Ergänzung zur Erfolgsmessung

Neben der ausführlich betrachteten begleitenden Prozesskontrolle und nachgelagerten Erfolgsmessung kann Kommunikationscontrolling auch zur vorgelagerten **Erfolgsprognose** eingesetzt werden. Mithilfe verschiedener Prognosemethoden kann bereits vor der Bestimmung bzw. Veröffentlichung von Kommunikationsaktivitäten die Wahrscheinlichkeit berechnet werden, mit der die Maßnahme eine erwünschte Wirkung erzielen wird.

In der Marktforschung werden Prognosen bereits seit langer Zeit als Grundlage für strategische Entscheidungen herangezogen. Zerfaß sieht in Prognosemethoden auch eine Chance für die Unternehmenskommunikation:

> „Denn eine auf die Erfolgsmessung verkürzte Wirkungskontrolle kann immer nur erst im Nachhinein ansetzen und kommt - insbesondere bei komplexen Kommunikationskampagnen und dynamischen Öffentlichkeiten - möglicherweise zu spät." (Zerfaß, 2008b, S. 455)

Zugleich verweist die nachgelagerte Wirkungskontrolle auf ein überholtes kommunikatororientiertes Verständnis. Durch den Einsatz von Prognosemethoden wird der Rezipient stärker in den Mittelpunkt gerückt und die Frage gestellt „Welchen Nutzen stiften PR-Maßnahmen für den Rezipienten?" (Zerfaß, 2010, S. 415).

Das Konzept ist simpel: Die Kommunikationsverantwortlichen entwickeln im Rahmen einer Konzeption konkrete Botschaften und Medien. Anstatt sie direkt zu veröffentlichen, werden die Medien in einem Zwischenschritt an ausgewählten Probanden getestet und in Diskussionsrunden Optimierungsvorschläge entwickelt (vgl. Zerfaß, 2008b, S. 456).

Dabei stehen der Unternehmenskommunikation verschiedene empirische Methoden zur Verfügung, um die Wahrscheinlichkeit des Kommunikationserfolgs zu verstärken (vgl. Zerfaß, 2008b, S. 456):

- **Fokusgruppenbefragungen** für die „Nullnummer" eines neuen Mitarbeitermediums wie einer digitalen Mitarbeiterzeitung.
- **Nutzertests für Internetseiten**, bei denen die Verantwortlichen die Nutzung der Seite über eine Software mitverfolgen und die Nutzer beschreiben, wie sie die Nutzung empfinden (Methode des Lauten Denkens).

- **Benchmarking** von Kommunikationsmedien der Wettbewerber, um zu identifizieren, an welchen Stellen das eigene Unternehmen bereits Vorreiter ist und wo es noch Nachholbedarf hat.

> Auch die Anwendung von Prognosemethoden stellt keine hundertprozentige Sicherheit dafür dar, dass das gewünschte Kommunikationsziel erreicht wird. Prognosen können aber - gerade bei knappen Budgets und besonders relevanten Kommunikationskampagnen - eine Entscheidungsgrundlage bieten, die den Kommunikationsverantwortlichen Sicherheit gibt.

Damit ist die Erfolgsprognose eine hilfreiche Ergänzung zur klassischen Erfolgskontrolle (vgl. Zerfaß, 2008b, S. 456).

Zusammenfassung

Mit steigenden Budgets und Investitionen steigt auch die Rechtfertigungspflicht für die Unternehmenskommunikation. Das Kommunikationscontrolling legt die Grundlage, um Aussagen über die Wirkung von Kommunikationsaktivitäten sowie die Wirtschaftlichkeit des Maßnahmeneinsatzes und der Zielerreichung treffen zu können.

Um den Unternehmenserfolg zu messen, bedarf es eindeutiger Kommunikationsziele, messbarer Kennzahlen und effizienter Erhebungsverfahren. Da die Wirkung von Unternehmenskommunikation ein komplexer Prozess ist, der über mehrere Wirkungsstufen verläuft, wird für die aussagekräftige Darstellung der Wertschöpfung auch ein Grundverständnis für die Wirkungszusammenhänge benötigt. Der DPRG/ICV-Bezugsrahmen schlägt zur Darstellung des Wirkungsprozesses vier Wirkungsstufen vom Input über den Output und Outcome bis hin zum ökonomischen Outflow vor. Der Beitrag der Unternehmenskommunikation zum Unternehmenserfolg ist nur schwer zu erheben, weil es für immaterielle Konstrukte wie Vertrauen und Glaubwürdigkeit keine standardisierten Kennzahlen und Messverfahren gibt. Die Erfolgsprognose stellt eine Möglichkeit dar, nicht erst rückwirkend Erkenntnisse über die

Attraktivität von Kommunikationsmaßnahmen zu gewinnen, sondern bereits während des Entwicklungsprozesses.

Aufgaben zur Selbstüberprüfung

AUFGABE 5.1

Grenzen Sie strategisches und operatives Kommunikationscontrolling voneinander ab.

AUFGABE 5.2

Welche Möglichkeiten gibt es, den Erfolg von Kommunikationsmaßnahmen zu messen?

AUFGABE 5.3

Um Kommunikationsziele aufzustellen, können Sie sich an der sog. „SMART-Regel" orientieren. Wofür stehen die einzelnen Buchstaben?

AUFGABE 5.4

Was ist ein Benchmarking?

Schlussbetrachtung

Die in diesem Studienbuch angesprochenen Themen sollten Ihnen einen Impuls für die weitere Beschäftigung mit dem Feld der Unternehmenskommunikation geben.

Abläufe und Entscheidungen sollten stets kritisch hinterfragt und bewertet werden. Nehmen Sie die Hinweise in diesem Studienbuch nicht als feste Handlungsempfehlung, sondern prüfen Sie, ob sie auf Ihre Organisation übertragbar sind.

Für viele Bereiche und Aufgaben können Sie in Ihrer Organisation auch extern Aufträge vergeben, z. B. für das Erstellen und Pflegen der Internetseite bzw. des Intranets, die Vorbereitung einer Pressekonferenz oder das Monitoring.

Wenn Sie dieses Studienbuch aufmerksam durchgearbeitet und die Übungen und Aufgaben erfolgreich bearbeitet haben, dann kennen Sie verschiedene Sichtweisen auf die Unternehmenskommunikation. Sie wissen, was interne und externe Unternehmenskommunikation ist, kennen ihre Ziele und können die verschiedenen Teilbereiche voneinander abgrenzen.

Ein besonderer Kommunikationsfall tritt bei einer Krise auf. Wir hoffen natürlich sehr, dass Ihre Organisation davon verschont bleibt. Gerade im Gesundheitsbereich kann jedoch z. B. durch Hygienekontrollen oder durch Gerüchte schnell ein Krisenfall entstehen, auf den Sie vorbereitet sein sollten.

Die in diesem Studienbuch beschriebenen Maßnahmen stellen meist Idealvarianten dar, die Sie auf Ihre Organisation und konkrete Situation übertragen und adaptieren müssen. Unternehmenskommunikation lernen Sie nur durch die Anwendung der vorgestellten Methoden in der Praxis. Probieren Sie aus, was funktioniert und was nicht. Versuchen Sie, nicht sofort alles in Ihrer Organisation „umzukrempeln", sondern agieren Sie langsam und Schritt für Schritt. Denken Sie daran, bei allen Entscheidungen die relevanten Zielgruppen, vor allem die Mitarbeiter, einzubeziehen. Ein Aufzwängen von oben kann schnell dazu führen, dass die Mitarbeiter Maßnahmen nicht akzeptieren, sie nur widerwillig umsetzen oder sich ganz verweigern.

Sie können sich jederzeit tiefer in einzelne Gebiete der Unternehmenskommunikation einarbeiten. Dieses Studienbuch liefert einen Überblick über die wichtigsten Bereiche mit dem Schwerpunkt der internen Unternehmenskommunikation.

Anhang

Lösungshinweise zu den Übungen im Text

Übung 1.1

Denken Sie u. a. an das Unternehmen, die Grundstückseigentümer und die Beschäftigten, aber auch an die Stadt, die als Arbeitsort aufgewertet wird und Gewerbesteuer erhält, sowie an die Jugendlichen, den Träger und die Bürger.

Übung 2.1

Denken Sie nicht nur an Vorgesetzte, Mitarbeiter und Kollegen, sondern auch an Patienten/Kunden, Lieferanten, Ärzte, Angehörige usw.

Übung 2.2

Unterscheiden Sie zwischen direkt Betroffenen und denen, für die die Maßnahme relevant werden könnte, sowie jenen, die nicht betroffen sein werden. Gehen Sie auch auf Mitarbeiter und Patienten ein.

Übung 2.4

Denken Sie nicht nur an die Qualifikation der Bewerber, sondern auch an die Lage des Arbeitsortes, die Vergütung, Leistungen und Arbeitsbedingungen sowie an den Ruf der Organisation.

Übung 3.2

Als Beispiele sind zu nennen: Impfen, Blutspende, HIV.

Übung 4.3

Mögliche Kritikpunkte lauten: lange Zeitdauer bis zum Herstellen von Öffentlichkeit, es wurden nicht umfassend und die für alle wichtigen Zielgruppen wesentlichen Informationen herausgegeben, der Informationsabend wurde sehr spät veranstaltet.

Lösungen der Aufgaben zur Selbstüberprüfung

Aufgabe 1.1

Komplexe Informationen sollen über „reichhaltige" Medien kommuniziert werden, z. B. im persönlichen Gespräch, da somit Rückfragen möglich sind und auf Stimmungen direkt eingegangen werden kann. Routineangelegenheiten hingegen können über „arme" Medien kommuniziert werden, wenn Rückfragen nicht sofort geklärt werden müssen.

Aufgabe 1.2

Die Reihe lässt sich in dieser Logik nicht verlängern, da bei tertiären Medien beide Partner über Technik zur Kommunikation verfügen müssen. Pross unterscheidet nicht zwischen der Art der Technik (z. B. Internet oder Fernsehen).

Aufgabe 1.3

Stakeholder sind Personen oder Personengruppen, die eine Organisation beim Erreichen der Ziele der Organisation beeinflussen können. Dazu zählt auch, wenn sie durch das Erreichen der Ziele des Unternehmens direkt oder indirekt betroffen sind. Zielgruppen hingegen sind alle Personen oder Personengruppen, auf die Marketinginstrumente gerichtet sind.

Aufgabe 1.4

Das könnte z. B. ein Medium sein, das Senioren im Umkreis des Unternehmens regelmäßig nutzen, wie Stadtjournale, Wochenblätter etc.

Aufgabe 2.1

Ziele der Unternehmenskommunikation:
Vernetzung der Individuen des Unternehmens, Ermöglichung von Interaktion und Koordination, Steuerung des Verhaltens der einzelnen Akteure (im Sinne der Unternehmensziele).

Aufgabe 2.2

Mögliche Beispiele sind: Mitarbeiterzeitung, Intranet, Townhall-Meeting, E-Mail, Brief der Geschäftsführung.

Aufgabe 2.3

Ein Wiki ist eine IT-gestützte Wissensdatenbank, die eine freie Bearbeitung durch alle Personen/Mitarbeiter mit Zugriffsrechten ermöglicht. Das Wiki kann zum Wissensmanagement eingesetzt werden, da die Mitarbeiter dort Informationen selbst ablegen können, aber auch aktuell halten müssen/sollten, um einen Wissensverlust beim Ausscheiden von Mitarbeitern zu vermeiden.

Aufgabe 2.4

- Überzeugen: Da Führungskräfte auch eigene Ziele (Karriere) verfolgen, die nicht immer mit den Zielen des Unternehmens übereinstimmen müssen, müssen sie überzeugt werden, ihre eigenen Ziele nicht vordergründig zu verfolgen, sondern das Fortkommen des Unternehmens zu unterstützen und für ihre eigene Weiterentwicklung zu nutzen.
- Informieren: Führungskräfte brauchen für ihre Entscheidungen ausreichend Informationen. Anderenfalls können sie keine begründete Entscheidung treffen.
- Vernetzen: Gute Führungskräfte sind in verschiedenen Netzwerken aktiv und sammeln dort wichtige Informationen. Diese Ressource ist für eine Führungskraft sehr wichtig, da Probleme somit aus mehreren Perspektiven betrachtet werden können.

Aufgabe 3.1

Die Unterteilung der externen Kommunikation erfolgt in: Marktkommunikation (Handlungskoordination im Marktumfeld) und Public Relations (öffentlicher Diskurs mit anderen gesellschaftspolitischen Akteuren).

Aufgabe 3.2

Systemvertrauen ist Vertrauen, das ein Individuum einem Teilbereich der Gesellschaft insgesamt entgegenbringt, z. B. der Politik oder der Polizei. Individualvertrauen hingegen bringt ein Individuum einer ganz bestimmten Person entgegen, z. B. einem bestimmten Politiker.

Aufgabe 3.3

Einerseits agieren Unternehmen wirtschaftlich und müssen, um auf dem Markt bestehen zu können, Gewinne erzielen. Andererseits besitzt der Gesundheitssektor eine soziale Komponente, die nicht auf ökonomische Interessen ausgerichtet ist. In diesem Spannungsfeld bewegen sich die Akteure, die beide Interessen bedienen müssen.

Aufgabe 3.4

Der Kontakt zu Stakeholdern kann durch Medienarbeit, Corporate Publishing oder Dialogformate hergestellt werden. Beim Dialogformat wird beispielsweise ein Rahmen geschaffen, in dem Akteure ungezwungen aufeinandertreffen und sich austauschen können. Dies können z. B. gemeinsame Mittagessen oder Abendveranstaltungen wie Stammtische sein.

Aufgabe 4.1

Ein Krisenhandbuch ist das wichtigste Arbeitsmittel des Krisenstabs. Es enthält wichtige Informationen für den Krisenfall, z. B. Abläufe, Kontakte oder Sprachregelungen. Ein solches Krisenhandbuch sollte regelmäßig auf sinnvolle Ergänzungen und/oder Aktualisierungen hin überprüft werden.

Aufgabe 4.2

Sie informieren im Krisenfall zuerst die Mitarbeiter Ihrer Organisation. Neben dem Krisenfall müssen Sie den laufenden Betrieb aufrechterhalten. Besonders in Krankenhäusern müssen Sie die Patientenversorgung sicherstellen und benötigen konzentriert arbeitende Mitarbeiter, die über die Krise umfassend informiert sind und sie einordnen können.

Aufgabe 4.3

Ein mögliches Beispiel wäre eine Personalkrise. Durch einen Streik oder plötzlichen Personalmangel entsteht für die Organisation eine brenzlige Situation, da ohne (qualifiziertes) Personal die Aufgaben der Organisation nur schwer bzw. gar nicht zu erfüllen sind. Im Gesundheitsbereich sind gesetzliche Anforderungen einzuhalten und eine Patientenversorgung sicherzustellen, sodass nicht einfach „das Produktionsband" stillstehen kann.

Aufgabe 4.4

Nach der Nachrichtenwerttheorie wird eine Nachricht umso wahrscheinlicher zur Meldung, je mehr Nachrichtenfaktoren auf sie zutreffen. Diese Nachrichtenfaktoren werden akzentuiert dargestellt. Die Nachricht „Hund beißt Mann" ist eine sogenannte Allerweltsnachricht, die jeden Tag sehr oft vorkommt. Ihr Nachrichtenwert ist gering. Bei der Nachricht „Mann beißt Hund" trifft der Nachrichtenfaktor der Kuriosität zu. Dieses Ereignis passiert nicht alle Tage. Durch den Nachrichtenfaktor der Kuriosität steigt die Wahrscheinlichkeit, dass diese Nachricht in den Medien aufgegriffen wird.

Aufgabe 5.1

Während beim strategischen Kommunikationscontrolling Erfolgspotenziale für das Kommunikationsmanagement im Vordergrund stehen, betrachtet das operative Kommunikationscontrolling konkrete Erfolgspotenziale. Strategisches Kommunikationscontrolling betrachtet übergeordnete Ziele (*„doing the right things"*), wohingegen das operative Kommunikationscontrolling sehr konkrete Ziele und deren Umsetzung betrachtet (*„doing things right"*).

Aufgabe 5.2

Der Erfolg wird messbar durch: Medienresonanzanalysen, Befragungen von Kunden oder Mitarbeitern und Interviews mit Stakeholdern.

Aufgabe 5.3

Die Formel für smarte Ziele lautet:

S ... spezifisch: Präzision im Ausdruck des Ziels

M ... messbar: Definition überprüfbarer Kriterien

A ... akzeptiert: motivierende Formulierung

R ... realistisch: erreichbare und nicht utopische Ziele

T ... terminiert: konkreter Zeitpunkt der Zielerreichung

Aufgabe 5.4

Mithilfe eines Benchmarkings wird die eigene Organisation in vorher definierten Kennzahlen mit einer anderen Organisation verglichen. Damit kann erkannt werden, wo Nachholbedarf besteht oder wo die eigene Organisation bereits gut aufgestellt ist.

Abkürzungsverzeichnis

DPRG	Deutsche Public Relations Gesellschaft e. V.
ICV	Internationaler Controller Verein e. V.
IT	Informationstechnologie
Q&As	Questions & Answers (Fragen und Antworten)
TTIP	Transatlantic Trade and Investment Partnership (Transatlantisches Freihandelsabkommen)

Glossar

Changemanagement Veränderungsmanagement. Dient dem Ziel, eine stetige Verbesserung von Prozessen und Strukturen in Organisationen zu erreichen. Ziel ist es, festgefahrene Strukturen unter Einbezug der Mitarbeiter aufzubrechen.

Compliance Bedeutet Einhaltung bestimmter Regeln. Dies können Gesetze sein, bei deren Verstoß strafrechtliche Sanktionen folgen können, oder standesrechtliche Vorgaben bzw. Vorgaben des Unternehmens, die das Zusammenleben und gemeinsame Arbeiten regeln.

Dark Site Internetseite, die für den Fall einer Krise vorbereitet und gepflegt wird. Sie ist nur zu erreichen, wenn eine Krise eintritt und die Seite freigeschaltet wird.

DPRG Deutsche Public Relations Gesellschaft e. V.: Fachverband und Interessenvertretung für Personen und Unternehmen, die im Bereich der Public Relations tätig sind

ICV Internationaler Controller Verein e. V.: Netzwerk, das interdisziplinär ausgerichtet ist und Austausch zum Controlling ermöglicht

Issues Themen, die für die Organisation bedeutend sind oder bedeutend werden könnten

Nachrichtenfaktor Ein Nachrichtenfaktor ist ein Merkmal eines Ereignisses, welches dazu führt, dass das Ereignis in der journalistischen Berichterstattung auftaucht. Dies sind u. a. Reichweite, Prominenz, Negativität, Gewalt und Nähe.

Public Relations Public Relations (PR) wird häufig als Synonym für Öffentlichkeitsarbeit verwendet, umfasst aber weit mehr als das. Bentele (1997) definiert PR als Management von Kommunikations- und Informationsprozessen zwischen Organisationen einerseits und ihren internen und externen Öffentlichkeiten andererseits.

Reputation Dies meint den „guten Ruf" einer Person oder Organisation. Reputation ist eng mit Vertrauen verbunden.

Stakeholder Als Stakeholder werden Einzelpersonen und Gruppierungen bezeichnet, die einen „stake", also ein berechtigtes Interesse am Verlauf oder Ergebnis eines Prozesses haben. Dieser Begriff wird häufig als „Anspruchsgruppen", „Bezugsgruppen" oder „Interessengruppen" übersetzt.

strategische Kommunikation Dies ist eine bewusste und geplante Kommunikation, die betrieben wird, um ein Ziel für die Organisation zu erreichen.

Literaturverzeichnis

Verwendete Literatur

Altmeppen, K. D. (2013). *Zielgruppe.* In: Bentele, G.; Brosius, H.; Jarren, O. (Hrsg.): Lexikon Kommunikations- und Medienwissenschaft. Wiesbaden: Springer VS, S. 387–388.

aerzteblatt.de. (2019). *Streik an Universitätskliniken in Nordrhein-Westfalen.* https://www.aerzteblatt.de/nachrichten/101055/Streik-an-Universitaetskliniken-in-Nordrhein-Westfalen (27.05.2019).

Baran, E. (2018). *Employer Branding. Komm zu uns, bleib bei uns, binde dich an uns – so bauen Sie eine starke Arbeitgeber-Marke auf.* Wiesbaden: Springer Gabler.

Bark, M. (2017). *Zukunftsfähig durch modernes digitales Klinikmarketing. 13-Punkte-Checkliste für Krankenhäuser.* Das Krankenhaus, 109 (1).

Bentele, G. (2013a). *Öffentliches Vertrauen.* In: Bentele, G.; Brosius, H.; Jarren, O. (Hrsg.): Lexikon Kommunikations- und Medienwissenschaft. Wiesbaden: Springer VS, S. 251–252.

Bentele, G. (2013b). *Vertrauen.* In: Bentele, G.; Brosius, H.; Jarren, O. (Hrsg.): Lexikon Kommunikations- und Medienwissenschaft. Wiesbaden: Springer VS, S. 357.

Bentele, G. (1997). *Public Relations. Grundlage und einige Positionsbestimmungen.* In: Donsbach, W. (Hrsg.): Public Relations in Theorie und Praxis. Grundlagen und Arbeitsweise der Öffentlichkeitsarbeit in verschiedenen Funktionen. München: Reinhard Fischer, S. 21–36.

Bentele, G.; Nothaft, H. (2013). *Unternehmenskommunikation.* In: Bentele, G.; Brosius, H.; Jarren, O. (Hrsg.): Lexikon Kommunikations- und Medienwissenschaft. Wiesbaden: Springer VS, S. 348–349.

Bentele, G.; Will, M. (2008). *Public Relations als Kommunikationsmanagement.* In: Meckel, M.; Schmid, B. F. (Hrsg.): Unternehmenskommunikation. Kommunikationsmanagement aus Sicht der Unternehmensführung. 2. überarb. und erw. Auflage, Wiesbaden: GWV, S. 154–185.

bpb – Bundeszentrale für politische Bildung (2015). *Lobbyismus in der Gesundheitspolitik.* http://www.bpb.de/politik/innenpolitik/gesundheitspolitik/200658/lobbyismus-in-der-gesundheitspolitik?p=all (17.02.2018).

Braun-Grünberg, S.; Wagner, K. (2009). *Unterschiede im Informationsverhalten und in der Entscheidungsfindung von Patienten bei der Auswahl von Kliniken.* In: Rosik, R. (Hrsg.): Zielgruppengerechte Gesundheitskommunikation. Akteure – Audience Segmentation – Anwendungsfelder. Wiesbaden: VS Verlag für Sozialwissenschaften, S. 219–238.

Bruhn, M. (2014). *Unternehmens- und Marketingkommunikation: Handbuch für ein integriertes Kommunikationsmanagement. 3., vollst. überarb. Auflage. München: Vahlen.*

Buchholz, U.; Knorre, S. (2010). *Interne Unternehmenskommunikation: Wertschöpfungsaspekt einer prozessorientierten Unternehmensführung.* In: Buchholz, U.; Knorre, S. (Hrsg.): Grundlagen der Internen Unternehmenskommunikation. Berlin: Helios Media, S. 15–29.

Bürker, M. (2013). *„Die unsichtbaren Dritten". Ein neues Modell zur Evaluation und Steuerung von Public Relations im strategischen Kommunikationsmanagement.* Wiesbaden: Springer VS.

BIBB – Bundesinstitut für Berufsbildung (2017). *Pflege- und Gesundheitspersonal wird knapp. BIBB-Analyse in Fachzeitschrift BWP zeigt mögliche Ausgleichsmechanismen.* https://www.bibb.de/de/pressemitteilung_59117.php (28.06.2019)

Camphausen, M. (2019). *Employer Branding im Gesundheitswesen. Stuttgart: Kohlhammer.*

Cassens, M.; Hörmann, G.; Tarnai, C.; Stosiek, N. et al. (2012). *Trend Gesundheitstourismus.* Prävention und Gesundheitsförderung, Ausgabe 7, Issue 1. Februar 2012, S. 24–29.

Dahl, M. S. (2010). *Organizational Change and Employee Stress.* http://www.wiwi.uni-jena.de/eic/files/WS%2010%20JERS%20Dahl.pdf (28.06.2019).

DPRG/ICV – Deutsche Public Relations Gesellschaft/Internationaler Controller Verein (2011). *Positionspapier Kommunikations-Controlling.* Bonn/Gauting: DPRG/ICV.

Daft, R. L.; Lengel, R. H. (1986). *Organizational information requirements, media richness and structural design.* Management Science, 32 (5), S. 554–571.

Eckert, N. (2016). *Arzt-Patienten-Kommunikation: Bessere Adhärenz mit digitaler Unterstützung.* Deutsches Ärzteblatt, Ausgabe 9/113, S. 390.

Einwiller, S.; Klöpfer, F.; Nies, U. (2008). *Mitarbeiterkommunikation.* In: Meckel, M.; Schmid, B. F. (Hrsg.): Unternehmenskommunikation. Kommunikationsmanagement aus Sicht der Unternehmensführung. 2. überarb. und erw. Auflage, Wiesbaden: Gabler, S. 217–256.

Engelen, L. (2014). *Health 2.0 Update.* In: Belliger, A. (Hrsg.): Gesundheit 2.0: Das ePatienten-Handbuch. Bielefeld: transcript, S. 67–96.

Ernst, S. (2015). *Krisenmanagement: Die Gesamtheit im Blick.* https://www.medica.de/cgi-bin/md_medica/lib/pub/tt.cgi/Krisenmanagement_Die_Gesamtheit_im_Blick.html?oid=50818&lang=1&ticket=g_u_e_s_t (04.01.2018).

Freeman, R. E.; Evan, W. M. (1993). *A stakeholder theory of the modern corporation. Kantian capitalism.* In: Chryssides, G. D., Kaler, J. H. (Hrsg.): An Introduction to Business Ethics. London u. a.: Thomson Learning.

Friers, M.; Camphausen, M. (2014). *Im Krankenhaus: Wo Unternehmenskommunikation Chefsache ist.* https://www.pressesprecher.com/nachrichten/im-krankenhaus-wo-unternehmenskommunikation-chefsache-ist-8474 (28.12.2017).

Fuhlrott, E.; Durst, J. (2010). *Die Messung von Mitarbeitereinstellungen und –verhalten.* In: Pfannenberg, J.; Zerfaß, A. (Hrsg.): Wertschöpfung durch Kommunikation: Kommunikations-Controlling in der Unternehmenspraxis. Frankfurt am Main: Frankfurter Allgemeine Buch, S. 153–163.

Galtung, J.; Ruge, M. (1965). *The Structure of Foreign News.* Journal of Peace Research, 2, 1965, S. 64–91.

Grünberg, P. (2014). *Vertrauen in das Gesundheitssystem. Wie unterschiedliche Erfahrungen unsere Erwartungen prägen.* Wiesbaden: Springer VS.

Günther, M. (2015). *Krisenkommunikation im Krankenhaus: Eine Krise kennt keine Regeln.* https://www.medica.de/cgi-bin/md_medica/lib/pub/tt.cgi/Krisenkommunikation_im_Krankenhaus_Eine_Krise_kennt_keine_Regeln.html?oid=50822&lang=1&ticket=g_u_e_s_t (04.01.2018).

Hoffjan, O. (2015). *Public Relations.* Konstanz: UTB.

Hoffmann, S. (2016). *Strategische Unternehmenskommunikation für Krankenhäuser und Gesundheitseinrichtungen.* Stuttgart: Kohlhammer.

Immerschitt, W. (2015). *Aktive Krisenkommunikation: Erste Hilfe für Management und Krisenstab.* Wiesbaden: Springer Gabler.

Karmasin, M. (2008). *Stakeholder Management als Ansatz der PR.* In: Bentele, G.; Fröhlich, R.; Szyszka, P. (Hrsg.): Handbuch der Public Relations: Wissenschaftliche Grundlagen und berufliches Handeln. 2. korr. und erw. Auflage, Wiesbaden: Springer VS, S. 268–280.

Kernke, S. (2016). *Employer Branding im Gesundheitsmarkt.* Management & Krankenhaus, 10/2016, S. 6.

Kirchhoff, K. R. (2009). *Praxishandbuch Investor Relations: Das Standardwerk der Finanzkommunikation.* 2. überarb. und erw. Auflage, Wiesbaden: Gabler.

Klugert, C. (2007). *Unternehmenskommunikation im Wandel: Einführung in die integrierte interaktive Unternehmenskommunikation.* Saarbrücken: VDM Verlag Dr. Müller.

Kriegesmann, B.; Kley, T.; Lücke, C. (2010). *Vertrauensorientiertes Changemanagement (Kurzfassung): Empirische Ergebnisse und Gestaltungsideen für nachhaltigen Wandel in Organisationen.* http://www.iai-bochum.de/fileadmin/mediadaten/projekte/In Vest/InVest_Broschuere_Text.pdf (10.12.2017).

Lautenbach, C. (2014). *Kennzahlen für die Unternehmenskommunikation: Definition, Erfassung, Reporting.* In: Zerfaß, A; Piwinger, M. (Hrsg.): Handbuch Unternehmenskommunikation: Strategie, Management, Wertschöpfung. 2. Auflage, Wiesbaden: Springer Fachmedien, S. 887–902.

Männle, P.; Seiffert, J. (2013). *Gesundes Vertrauen.* In: Tzaneva, M. (Hrsg): Nachtflug der Eule: 150 Stimmen zum Werk von Niklas Luhmann: Gedenkbuch zum 15. Todestag von Niklas Luhmann. Berlin: Lidi Europedition, S. 323–396.

Mark, M. (2017). *Zukunftsfähig durch modernes digitales Klinikmarketing. 13-Punkte-Checkliste für Krankenhäuser.* Das Krankenhaus, 109.1.

Mast, C. (2016). *Unternehmenskommunikation: Ein Leitfaden.* 6. überarb. und erw. Auflage mit einem Beitrag von Simone Huck-Sandhu, Konstanz: UVK.

Mast, C. (2014). *Interne Unternehmenskommunikation: Mitarbeiter führen und motivieren.* In: Zerfaß, A.; Piwinger, M. (Hrsg.): Handbuch Unternehmenskommunikation. Wiesbaden: Springer Fachmedien, S. 1121–1140.

Mast, C. (2000). *Durch bessere interne Kommunikation zu mehr Unternehmenserfolg.* Ein Leitfaden für Unternehmer. Berlin: Deutsche Industrie- und Handelskammer.

Mathes, R.; Zerfaß, A. (2010). *Medienanalysen als Steuerungs- und Evaluationsinstrument für die Unternehmenskommunikation.* In: Pfannenberg, J.; Zerfaß, A. (Hrsg.): Wertschöpfung durch Kommunikation: Kommunikations-Controlling in der Unternehmenspraxis. Frankfurt am Main: Frankfurter Allgemeine Buch, S. 98–111.

McLeod, J. M.; Chaffee, S. H. (1973). *Interpersonal approaches to communication research.* American Behavioral Scientist 16, No. 4 (March–April), S. 469–499.

Mendelow, A. (1991). *Stakeholder Mapping. Proceedings of the 2nd International Conference on Information Systems.* Cambridge, MA.

Meyer, G. (2009). *Der erweiterte Kundenbegriff in der Pflege – Konsequenzen für Qualität, Marketing und Kommunikation.* In: Rosik, R. (Hrsg.): Zielgruppengerechte Gesundheitskommunikation. Akteure – Audience Segmentation – Anwendungsfelder. Wiesbaden: VS Verlag für Sozialwissenschaften, S. 239–262.

Mrozek, S. (2009). *Employer Branding.* In: Bröckermann, R. (Hrsg.): Praxisorientierte Personal- und Organisationsforschung. Band 12. München/Mering: Rainer Hampp.

Nothaft, H. (2013). *Stakeholder.* In: Bentele, G.; Brosius, H.; Jarren, O. (Hrsg.): Lexikon Kommunikations- und Medienwissenschaft. Wiesbaden. Springer VS, S. 325–326.

Oelert, J. (2008). *Internes Kommunikationsmanagement: Rahmenfaktoren, Gestaltungsansätze und Aufgabenfelder.* Nachdruck. Wiesbaden: Deutscher Universitäts-Verlag.

Pfannenberg, J. (2014). *Veränderungskommunikation reloaded: Den Change durch professionelle Kommunikation unterstützen.* http://de.slideshare.net/JPKOMDigital/vernderungskommunikation-reloaded (28.06.2019).

Pfannenberg, J. (2013). *Phasen der Veränderungskommunikation.* In: Pfannenberg, J. (Hrsg.): Veränderungskommunikation: So unterstützen Sie den Change-Prozess wirkungsvoll. Themen, Prozesse, Umsetzung. Frankfurt am Main: Frankfurter Allgemeine Buch, S. 21–30.

Powell, M. (2013). *Deutsche geizen mit ihren Organen.* https://www.zeit.de/wissen/gesundheit/2013-11/Organspenden-Zahlen-sinken (28.06.2019).

Pross, H. (1972). *Medienforschung. Film, Funk, Presse, Fernsehen.* Darmstadt: Carl Habel Verlagsbuchhandlung.

Puttenat, D. (2009). *Praxishandbuch Krisenkommunikation: Von Ackermann bis Zumwinkel: PR-Störfälle und ihre Lektionen.* Wiesbaden: GWV.

Raudszus, M. (2018). *Netzwerkanalyse: Stakeholder-Konstellationen und -Issues mit Algorithmen mappen.* (2018). https://www.jp-kom.de/blog/agentur/netzwerkanalyse-stakeholder-konstellationen-und-issues-mit-algorithmen-mappen (28.06.2019).

Renn, O. (1993). *The social arena concept of risk debates.* In: Krimsky, S. (Hrsg.): Social theories of risk. Westport: Praeger, S. 179–196.

Rolke, L.; Zerfaß, A. (2014). *Erfolgsmessung und Controlling der Unternehmenskommunikation: Wertbeitrag, Bezugsrahmen und Vorgehensweisen.* In: Zerfaß, A.; Piwinger, M. (Hrsg.): Handbuch Unternehmenskommunikation. Wiesbaden: Springer Fachmedien, S. 863–885.

Rolke, L.; Zerfaß, A. (2010). *Wirkungsdimensionen der Kommunikation.* In: Pfannenberg, J.; Zerfaß, A. (Hrsg.): Wertschöpfung durch Kommunikation: Kommunikations-Controlling in der Unternehmenspraxis. Frankfurt am Main: Frankfurter Allgemeine Buch, S. 50–60.

Roski, R. (2009). *Akteure, Ziele und Stakeholder im Gesundheitswesen – Business Marketing, Social Marketing und Zielgruppensegmentierung.* In: Rosik, R. (Hrsg.): Zielgruppengerechte Gesundheitskommunikation. Akteure – Audience Segmentation – Anwendungsfelder. Wiesbaden: VS Verlag für Sozialwissenschaften, S. 3–32.

Schick, S. (2010). *Interne Unternehmenskommunikation: Strategien entwickeln, Strukturen schaffen, Prozesse steuern.* 4. überarb. und aktual. Auflage, Stuttgart: Schäffer-Poeschel.

Schmalstieg, D.; Pfannenberg, J. (2009). *Die Medien der Veränderungskommunikation.* In: Pfannenberg, J. (Hrsg.): Veränderungskommunikation: So unterstützen Sie den Change-Prozess wirkungsvoll. Themen, Prozesse, Umsetzung. Frankfurt am Main: Frankfurter Allgemeine Buch, S. 58–71.

Schmid, B. F.; Lyczek, B. (2008). *Die Rolle der Kommunikation in der Wertschöpfung der Unternehmung.* In: Meckel, M.; Schmid, B. F. (Hrsg.): Unternehmenskommunikation. Kommunikationsmanagement aus Sicht der Unternehmensführung. 2. überarb. und erw. Auflage, Wiesbaden: GWV, S. 3–152.

Schnabel, P.-E. (2009). *Kommunikation im Gesundheitswesen – Problemfelder und Chancen.* In: Rosik, R. (Hrsg.): Zielgruppengerechte Gesundheitskommunikation. Akteure – Audience Segmentation – Anwendungsfelder. Wiesbaden: VS Verlag für Sozialwissenschaften, S. 33–58.

Schneider, F. M.; Retzbach, A; Barkela, B.; Maier, M. (2014). *Psychologie der internen Organisationskommunikation.* In: Zerfaß, A.; Piwinger, M. (Hrsg.): Handbuch Unternehmenskommunikation. Wiesbaden: Springer Fachmedien, S. 449–469.

Schwarz, A.; Löffelholz, M. (2014). *Krisenkommunikation: Vorbereitung, Umsetzung, Erfolgsfaktoren.* In: Zerfaß, A.; Piwinger, M. (Hrsg.): Handbuch Unternehmenskommunikation. Wiesbaden: Springer Fachmedien, S. 1303–3319.

Schweiger, W. (2010). *Website-Nutzung und Usability: Evaluationsmethoden und Kennzahlen.* In: Pfannenberg, J.; Zerfaß, A. (Hrsg.): Wertschöpfung durch Kommunikation: Kommunikations-Controlling in der Unternehmenspraxis. Frankfurt am Main: Frankfurter Allgemeine Buch, S. 112–126.

Sommer, C.; Bentele, G. (2008). *Vertrauensverlust: Der Fall Gerster. Eine deutsche Fallstudie über Interdependenzen zwischen Prozessen öffentlicher Kommunikation und öffentlichen Vertrauens.* In: Bentele, G.; Piwinger, M. (Hrsg.): Kommunikationsmanagement. Köln: Wolters-Kluwer, S. 1–31.

Steinmann, H.; Schreyögg, G.; Koch, J. (2013). *Management. Grundlagen der Unternehmensführung: Konzept – Funktionen – Fallstudien.* 7. Auflage, Wiesbaden: Springer Gabler.

Szyszka, P. (2008). *Organisationsbezogene Ansätze.* In: Bentele, G.; Fröhlich, R.; Szyszka, P. (Hrsg.): Handbuch der Public Relations: Wissenschaftliche Grundlagen und berufliches Handeln. 2. korr. und erw. Auflage, Wiesbaden: Springer VS, S. 161–176.

Tessmer, A. (2015). *Mitarbeiterkommunikation 2.0.* In: Pfannenberg, J.; Schmalstieg, D. (Hrsg.): Toolbox Social Media: 111 Instrumente für die Kommunikationsstrategie. Stuttgart: Schäffer Poeschel, S. 139–176.

Töpfer, A. (2008). *Krisenkommunikation: Anforderungen an den Dialog mit Stakeholdern in Ausnahmesituationen.* In: Meckel, M.; Schmid, B. F. (Hrsg.): Unternehmenskommunikation. Kommunikationsmanagement aus Sicht der Unternehmensführung. 2. überarb. und erw. Auflage, Wiesbaden: GWV, S. 355–397.

Tropp, J. (2014). *Marketingkommunikation als Teil der Unternehmenskommunikation.* In: Zerfaß, A.; Piwinger, M. (Hrsg.): Handbuch Unternehmenskommunikation. Wiesbaden: Springer Fachmedien, S. 1099–1120.

Ullrich, T. W.; Brandstädter, M. (2016). *Krisenkommunikation – Grundlagen und Praxis: Eine Einführung mit ergänzender Fallstudie am Beispiel Krankenhaus.* Stuttgart: Kohlhammer.

Völzke, C.; Hirschhausen, E.; Fischer, F. (2016). *Medizinisches Kabarett als Instrument der Gesundheitskommunikation.* In: Prävention und Gesundheitsförderung. Volume 12, Ausgabe 2. Mai 2017. Wiesbaden: Springer Fachmedien, S. 91–95.

Voß, A.; Röttger, U. (2014). *Führungskommunikation: Herausforderungen und Umsetzung.* In: Zerfaß, A.; Piwinger, M. (Hrsg.): Handbuch Unternehmenskommunikation. Wiesbaden: Springer Fachmedien, S. 1141–1159

Wallenfels, M. (2016). *Arztbewertung: Praxischefs ziehen Lehren aus Kritik.* Ärzte-Zeitung. Nr. 209, S. 16.

Weitekamp, L. (2015). *Eine App, alle Mitarbeiter: Eyo bringt das Intranet auch zu denen, die nicht am Schreibtisch arbeiten.* http://t3n.de/news/eyo-mitarbeiter-app-mobiles-intranet-654634/. (28.06.2019).

Zerfaß, A. (2014). *Unternehmenskommunikation und Kommunikationsmanagement: Strategie, Management und Controlling.* In: Zerfaß, A.; Piwinger, M. (Hrsg.): Handbuch Unternehmenskommunikation. Wiesbaden: Springer Fachmedien, S. 21–79.

Zerfaß, A. (2010). *Unternehmensführung und Öffentlichkeitsarbeit. Grundlegung einer Theorie der Unternehmenskommunikation und Public Relations.* 3. aktual. Auflage, Wiesbaden: VS Verlag für Sozialwissenschaften.

Zerfaß, A. (2008a). *Steuerung und Wertschöpfung von Kommunikation.* In: Bentele, G.; Fröhlich, R.; Szyszka, P. (Hrsg.): Handbuch der Public Relations: Wissenschaftliche Grundlagen und berufliches Handeln. 2. korr. und erw. Auflage, Wiesbaden: Springer VS, S. 536–551.

Zerfaß, A. (2008b). *Kommunikations-Controlling.* In: Meckel, M.; Schmid, B. F. (Hrsg.): Unternehmenskommunikation. Kommunikationsmanagement aus Sicht der Unternehmensführung. 2. überarb. und erw. Auflage, Wiesbaden: GWV, S. 435–470.

Zerfaß, A.; Piwinger, M. (2014). *Unternehmenskommunikation als Werttreiber und Erfolgsfaktor.* In: Zerfaß, A; Piwinger, M. (Hrsg.): Handbuch Unternehmenskommunikation: Strategie, Management, Wertschöpfung. 2. Auflage, Wiesbaden: Springer Fachmedien, S. 1–20.

Empfohlene Literatur

Menz, F; Stahl, H. K. (2008). *Handbuch Stakeholderkommunikation: Grundlagen – Sprache – Praxisbeispiele.* Berlin: Erich Schmidt.

Pfannenberg, J. (2013). *Veränderungskommunikation: So unterstützen Sie den Change-Prozess wirkungsvoll.* 3. Auflage mit Web 2.0 und neuen Fallstudien, Frankfurt am Main: Frankfurter Allgemeine Buch.

Pfannenberg, J.; Zerfaß, A. (2010). *Wertschöpfung durch Kommunikation: Kommunikations-Controlling in der Unternehmenspraxis.* Frankfurt am Main: Frankfurter Allgemeine Buch.

Schüller, A. M. (2014). *Das Touchpoint-Unternehmen: Mitarbeiterführung in unserer neuen Businesswelt.* Offenbach: Gabler.

Schulz, W. (2011). *Politische Kommunikation: Theoretische Ansätze und Ergebnisse empirischer Forschung.* 3. überarb. Auflage, Wiesbaden: VS Verlag für Sozialwissenschaften.

Abbildungsverzeichnis

Tabellenverzeichnis

Sachwortverzeichnis

Über die Autoren

Sebastian Stieler

(geb. 1989) war nach seinem Studium der Kommunikations- und Medienwissenschaft an der Universität Leipzig als wissenschaftlicher Mitarbeiter, an der Universität Augsburg und der Technischen Universität Dresden tätig. Derzeit ist er wissenschaftlicher Mitarbeiter am Lehrstuhl BWL, Schwerpunkt Marketing, der Universität Leipzig sowie Gesellschafter von Empiriks.de. Er plant eine Promotion zur Mediendarstellung der Überschuldung von Privatpersonen.

Melanie Raudszus

(geb. 1990) studierte Kommunikations- und Medienwissenschaft mit Schwerpunkt Kommunikationsmanagement an der Universität Leipzig und der University of Jyväskylä. Sie ist derzeit Beraterin bei der Kommunikationsberatung JP | KOM mit Standorten in Düsseldorf und Frankfurt. Ihr Schwerpunkt liegt auf Veränderungs- und interner Kommunikation für Unternehmen aus den Bereichen Maschinenbau, Chemie und Medtech. 2018 wurde Melanie Raudszus mit dem Junior Award der Deutschen Public Relations Gesellschaft ausgezeichnet.